Jesus
Die größte Geschichte aller Zeiten

Inhalt

Was man wissen muss, bevor es losgeht 6

Erster Teil
Gott schickt den Menschen seinen Sohn
Ein überraschender Besuch 9
Die geweihte Nacht 13
Und alle feiern mit 16
Immer dem Stern nach............................. 21
Geschenke 24
Ein gefährlicher Plan............................... 24
Jesus im Tempel...................................... 28

Zweiter Teil
Wie Jesus den Menschen die
Frohe Botschaft brachte
Johannes findet seine Aufgabe.................... 34
Ein großer Fang...................................... 40
Die Hochzeit in Kana............................... 46
Licht für Bartimäus 51
Das Töchterlein des Jaïrus 55
Hilfe für Aaron 58
Der Hauptmann von Kafarnaum 62
Ein Wunder für Fünftausend 67
Im Sturm... 69
Die Bergpredigt: Jesus sagt den Menschen,
worauf es ankommt................................. 72
Die Heilung einer Frau am Sabbat.............. 76
Lasset die Kinder zu mir kommen 80
Ein Reicher stellt eine Frage 82
Auf dem Wasser...................................... 86
Zachäus... 91

Das Gleichnis vom verlorenen Sohn 96
Das Gleichnis von
den Arbeitern im Weinberg......................101
Das Gleichnis vom Sämann 107
Das Gleichnis vom barmherzigen Samariter....109
Zu Gast bei den Pharisäern 112
Ein verhängnisvoller Entschluss................116
Jesus, der Messias 120

Dritter Teil
Jesus erfüllt seine schwerste Aufgabe
Willkommen in Jerusalem!.......................123
Krach im Tempel 125
Der Verrat...128
Das Abendmahl.....................................131
Abschied am Ölberg 138
Die Festnahme 141
Ein Verbrecher 145
Die Kreuzigung 147
Die Auferstehung 150

Vierter Teil
Jesus macht seine Versprechen wahr
Auf dem Weg nach Emmaus....................154
Der ungläubige Thomas 159
Die Erscheinung am See 163
Abschied...167
Helle Freude..169
Wie die Frohe Botschaft
die ganze Welt erreichte 172

Rom

Palästina

Was man wissen muss, bevor es losgeht

Habt ihr euch schon mal gefragt, warum ihr an Ostern frei habt und nicht in die Schule müsst? Warum der Sonntag ein Feiertag ist? Und was wir eigentlich an Pfingsten feiern? Fast alle unsere Feiertage haben mit Ereignissen zu tun, die in einem Buch erzählt werden, das ‚Bibel' heißt. Und eigentlich fängt alles irgendwie mit Weihnachten an. Mit einem Weihnachten vor langer Zeit…

Vor 2000 Jahren herrschten die Römer über ein riesiges Reich. In vielen Kriegen hatten sie Land um Land erobert und besetzt. Und so war der römische Kaiser Augustus der mächtigste Mann der Welt. Auch Palästina war von den Römern besetzt. Dort lebten die Israeliten. Es störte sie gewaltig, dass die Römer bei ihnen das Sagen hatten.

Das kann man sich leicht vorstellen: Wie würdest du es finden, wenn jemand in dein Haus oder in dein Land kommt und behauptet: „So, mein Lieber: Ich wohne jetzt hier, und du musst machen, was ich will, und leben, wie ich es sage! Ich habe nämlich die stärkeren Waffen!"?

Die Israeliten fanden das furchtbar. Sie wollten lieber über sich selbst bestimmen und so leben, wie sie es schon immer getan hatten. Aber das Ärgerliche an den Römern war nicht nur, dass sie die Bestimmer waren.

Sie waren auch so ganz anders als die Israeliten. Zum Beispiel glaubten sie an mehr als vierzig verschiedene Götter. Jeder Gott hatte eine andere Aufgabe. Einer war für das Wetter zuständig, einer für die Jagd, ein anderer für die Musik.

Die Israeliten hingegen waren Juden. Sie glaubten: Es gibt nur einen einzigen Gott. Er hat Himmel und Erde erschaffen. Und er ist immer für uns da und für alles zuständig. In ihren heiligen Schriften standen viele Regeln: 613 waren es. Es war genau erklärt, was man durfte und was verboten war. Sie sagten: Mit Menschen, die sich nicht an unsere Regeln und Gebote halten, wollen wir nicht zusammen sein. Nur, wer an unseren Gott glaubt und unsere Gesetze einhält, der ist rein. Mit Reinheit meinten sie, dass er das Richtige tut.

Und sie hofften, dass Gott ihnen einmal einen Retter schicken würde. Diesen Retter nannten sie Messias. Eines Tages sollte ein Kind geboren werden. Dieses Kind würde König werden und alle Menschen frei und glücklich machen. Das hatten weise Männer, die man Propheten nannte, immer wieder vorausgesagt.

Der größte Wunsch der Israeliten war natürlich: Der Messias soll so schnell wie möglich kommen. Und als Erstes muss er die lästigen Römer aus dem Land jagen.

Es waren sehr, sehr schwere Zeiten für die Menschen damals. Damals in Palästina, in dem kleinen Ort Nazareth, in dem unsere Geschichte beginnt.

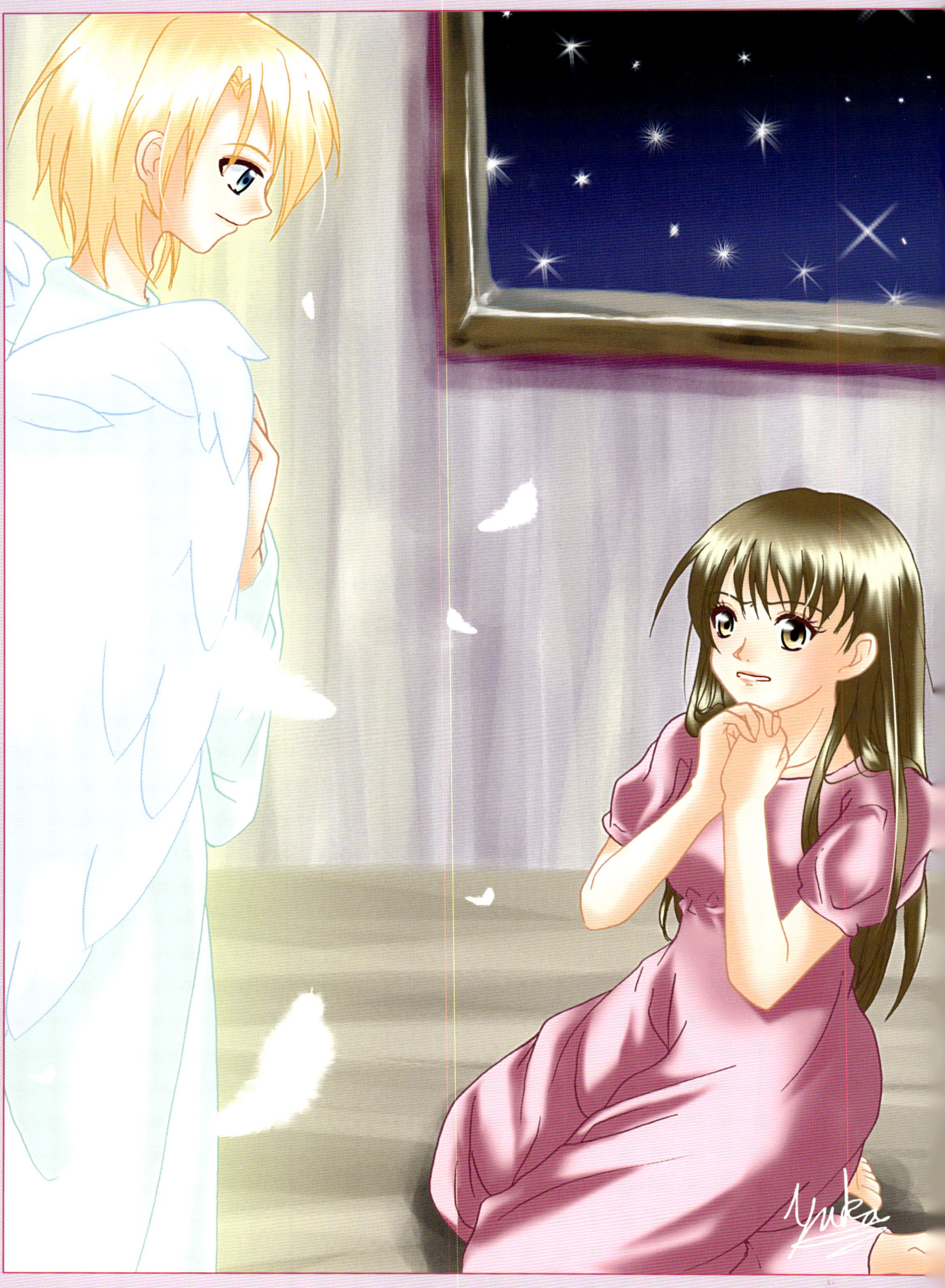
Yuka

ERSTER TEIL

Gott schickt den Menschen seinen Sohn

Ein überraschender Besuch

Es war Abend geworden in Nazareth. Eben war die Sonne untergegangen. Hier und da zeigte sich ein winziger Stern.

Maria war allein zu Hause. Sie war müde und wollte ins Bett gehen. „Das war wirklich ein schöner Tag", dachte sie bei sich und schaute noch einmal aus dem Fenster. Plötzlich wurde es ganz hell hinter ihr. Sie drehte sich um. Der ganze Raum war in ein golden strahlendes Licht getaucht. Maria war geblendet und hielt sich ihre Hand vor die Augen. Als sie sich an das Licht gewöhnt hatte, sah sie etwas und staunte sehr: Ein Engel! Mitten in ihrem Zimmer!

Ein Engel ist jemand, den Gott zu den Menschen schickt, um ihnen etwas zu sagen oder um sie zu beschützen. Der Engel sprach zu ihr. Seine Stimme war glockenrein: „Maria, fürchte dich nicht. Gott hat dich lieb und hat Großes mit dir vor. Du wirst schwanger werden und einen Sohn bekommen. Den wirst du Jesus nennen. Er wird eines Tages ein großer König sein. Man wird ihn sogar Sohn Gottes nennen."

Maria wunderte sich: „Ein Engel kommt zu mir? Mit einer Nachricht von Gott? Das ist ja wunderbar! Aber ich erwarte kein Baby. Ich lebe ja noch nicht einmal mit einem Mann zusammen."

Der Engel lächelte: „Dieses Kind ist etwas so Besonderes, dass du wie durch ein Wunder schwanger werden wirst. Es kommt direkt von Gott, der alles erschaffen hat und für den nichts unmöglich ist. Deswegen wird man das Kind auch heilig nennen." Damit war Maria einverstanden. Sie freute sich und war sehr stolz, dass gerade sie von Gott ausgesucht worden war. Doch eine Frage beschäftigte sie noch:

„Lieber Engel, ich will gern tun, was Gott von mir will. Aber ich habe eine Sorge: Ich bin mit dem Zimmermann Josef verlobt. Er baut Möbel und Türen für die Menschen hier in Nazareth. Und wir wollen bald heiraten. Was wird er sagen, wenn er erfährt, dass ich ein Kind erwarte, aber er ist nicht der Vater?" Der Engel lächelte wieder: „Mach dir auch darum keine Sorgen, Maria. Ich rede mit Josef. Der wird sich genauso freuen wie du. Ihr beide werdet Eltern eines Kindes werden, das einmal der Retter für alle Menschen sein wird." Da war Maria beruhigt und freute sich noch mehr.

Als der Engel sie verlassen hatte, war Maria wieder allein in ihrem Haus. „Ich wünschte, ich könnte mit jemandem reden", dachte sie. „Wem kann ich nur erzählen, was ich gerade erlebt habe?" Da fiel ihr ihre Cousine Elisabeth ein. Sofort machte Maria sich auf den Weg zu ihr.

    Maria erzählte Elisabeth von ihrem Gespräch mit dem Engel. Diese freute sich von ganzem Herzen: „Stell dir vor, meinem Mann Zacharias ist auch vor einigen Monaten ein Engel erschienen. Der hat ihm verkündet, dass auch wir ein Kind bekommen werden. Und das, obwohl ich eigentlich schon viel zu alt bin, um noch Kinder zu bekommen. Er hat gesagt, dass wir unseren Sohn Johannes nennen sollen. Das heißt: ‚Gott ist gnädig'. Und er hat gesagt, dass Gott mit unserem Jungen Großes vorhat. Guck mal!" Sie zeigte auf ihren großen Bauch: „Bald ist es so weit. In wenigen Wochen wird unser Kind geboren werden." Da umarmten sich die beiden Frauen freudestrahlend. Als Josef erfuhr, dass Maria ein Kind erwartete, dachte er zunächst: „Maria hat mich betrogen. Sicher hat sie sich in einen anderen Mann verliebt. Ich werde mich von ihr trennen."

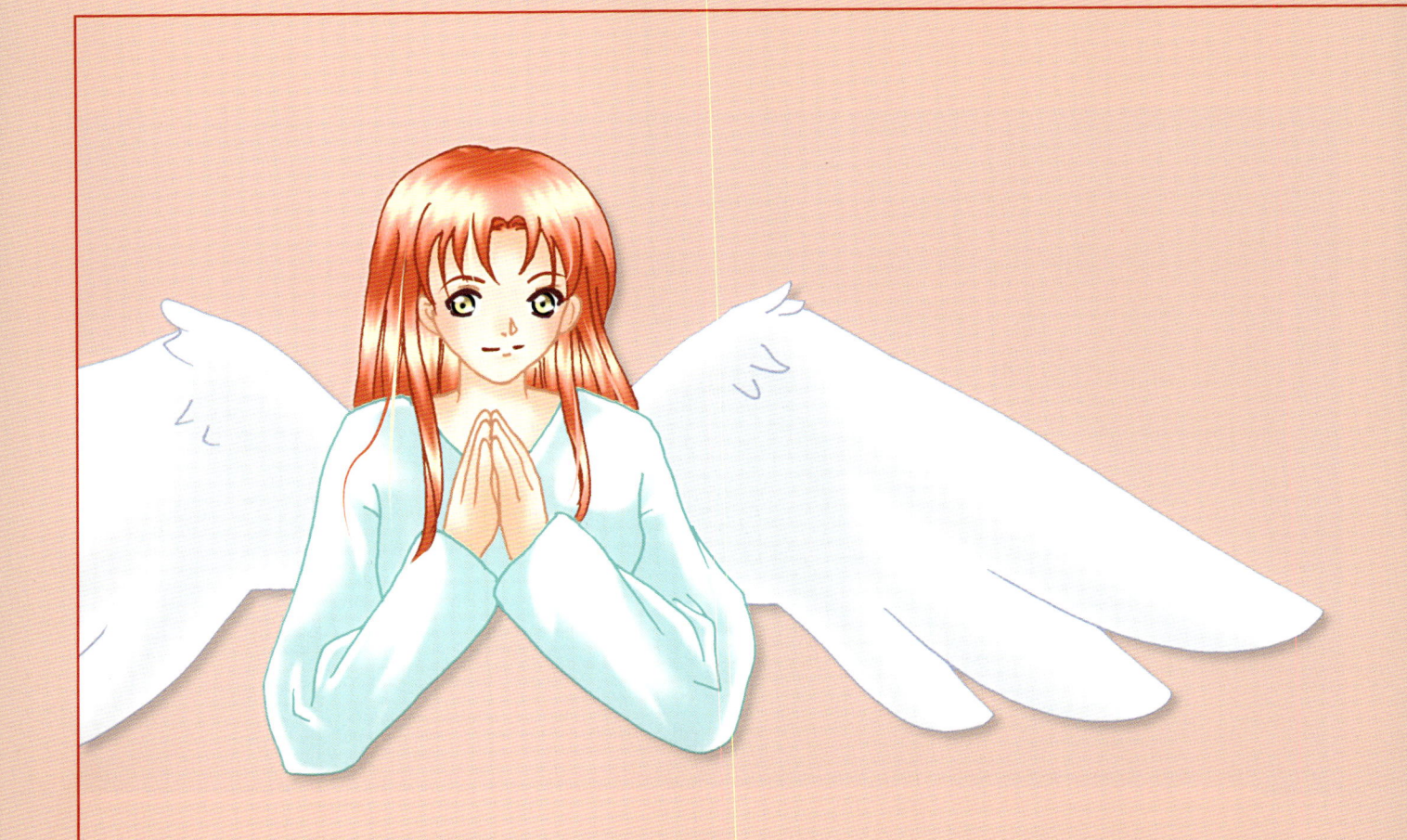

In der nächsten Nacht erschien ihm der Engel im Traum: „Hör mir gut zu, Josef. Das Kind, das deine Verlobte erwartet, ist ein Kind Gottes. Bleibe bei Maria und sorge gut für sie." Und siehe da: Als Josef aufwachte, ging er sofort zu Maria und sagte zu ihr: „Der Engel hat mit mir gesprochen. Ich will dem Kind ein guter Vater sein." Von diesem Tag an lebten die beiden als Ehepaar zusammen.

Die Schwangerschaft schritt voran. Josef arbeitete fleißig, und Maria bereitete alles für die Geburt ihres Kindes vor: Sie nähte Windeln und Babykleidchen.

Die geweihte Nacht

Kurz vor der Geburt ihres Kindes ritten Boten des Kaisers durch das ganze Land: „Kaiser Augustus will wissen, wie viele Menschen in seinem Reich leben. Jeder muss in die Stadt gehen, in der er geboren wurde. Dort werden eure Namen aufgeschrieben." Und was der römische Kaiser wollte, musste getan werden. Josefs Familie kam aus Betlehem in Judäa. Das war sehr weit weg von Nazareth. Also mussten Maria und Josef sich auf den Weg dorthin machen. Maria war inzwischen hochschwanger. Das Baby sollte bald auf die Welt kommen. Josef kaufte einen kleinen Esel. Der sollte Maria tragen, damit sie nicht laufen musste.

Als sie nach einigen Tagen endlich in Betlehem ankamen, waren beide sehr erschöpft: „Jetzt suchen wir nur noch eine kleine Herberge, in der wir schlafen können. Dann kannst du dich hinlegen", sagte Josef.

Aber wo sie auch fragten: Es gab kein Bett mehr für sie. So viele Menschen waren nach Betlehem gekommen, um sich zählen zu lassen. Die beiden waren müde und verzweifelt. Sollten sie etwa auf der Straße schlafen? Maria war den Tränen nahe: „Josef, ich glaube, das Baby kommt bald. Wo sollen wir nur hin?" Josef streichelte Maria über die Wange: „Auf dem Weg hierher habe ich einen Stall gesehen. Nicht weit von hier. Das muss für heute Nacht reichen. Dort ist es wenigstens trocken und warm. Und du kannst

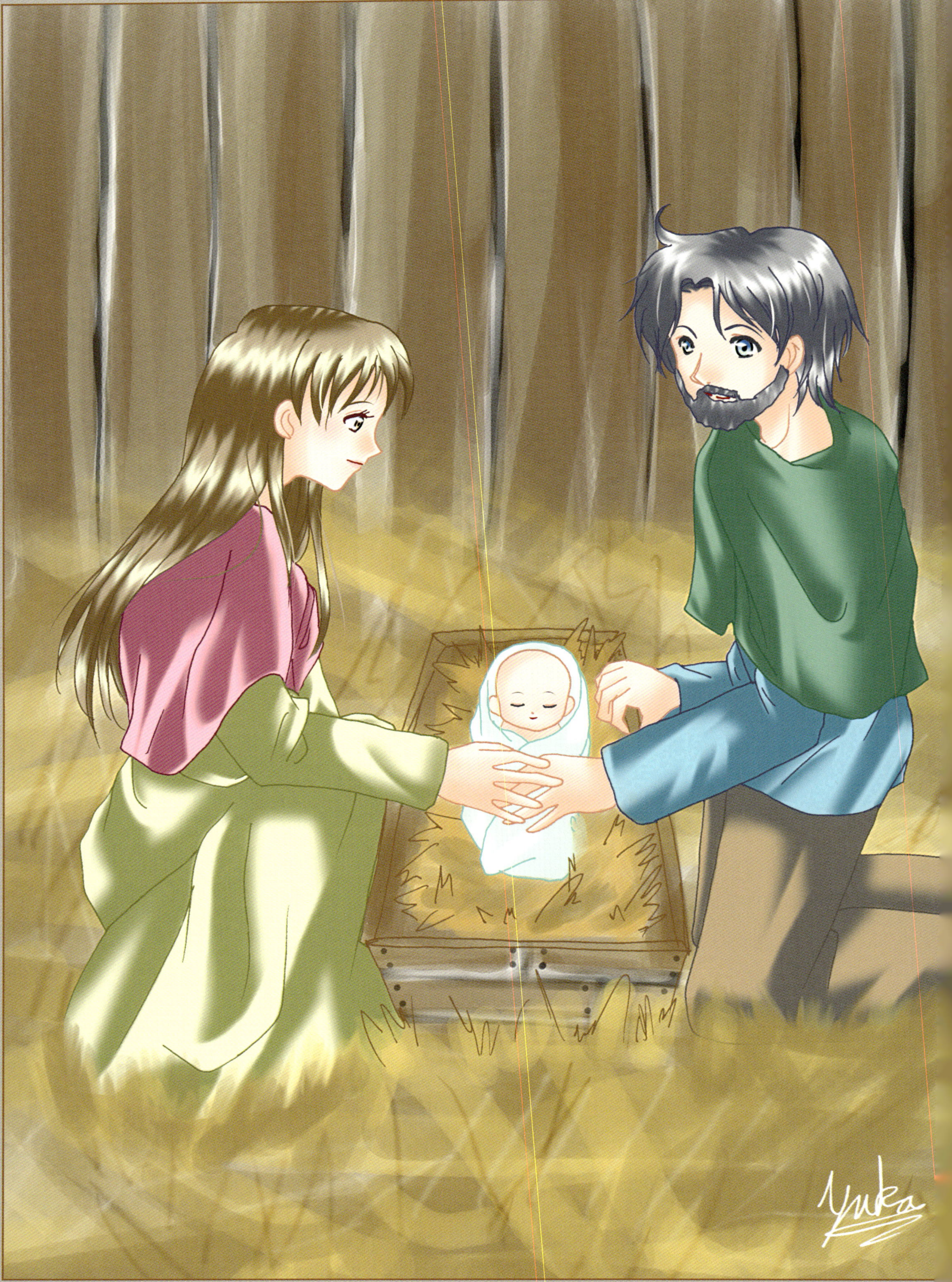
Yuka

dich endlich ausruhen." So fanden sie Unterschlupf in dem Stall. Und kurz nachdem sie dort angekommen waren, wurde der kleine Jesus geboren.

Maria und Josef freuten sich unbeschreiblich. Das Baby war gesund und munter. Maria wickelte es in Windeln und in eine warme Decke. Ein Bettchen gab es in dem Stall natürlich nicht. Josef sah sich um: An einer Wand stand eine Futterkrippe mit Stroh, aus der sonst die Tiere fraßen. Das Stroh war recht weich, und so legten sie das Baby dorthin zum Schlafen. Maria und Josef beugten sich über die Krippe und betrachteten ihr Neugeborenes. Und wie alle Eltern fanden sie: Ihr Baby war bestimmt das Süßeste auf der ganzen Welt.

Und alle feiern mit

Nicht weit von dem Stall entfernt, lagerten Hirten auf dem Feld. Sie hielten Nachtwache bei ihrer Herde. Alles war ganz still. Die Schafe schliefen aneinander gekuschelt auf dem Feld. Die Hirten saßen dicht beieinander am Feuer und wärmten sich.

„Seht mal!", rief plötzlich einer der Hirten „Da hinten wird es ganz hell! Das Licht kommt immer näher, seht doch!" Die Hirten erschraken sehr. Woher kam das helle Licht?

Dann sahen sie es: Ein Engel trat zu ihnen ans Feuer. Sein Gewand war so hell wie die Sonne. Er sprach feierlich zu den Hirten: „Fürchtet euch nicht! Denn ich verkünde euch große Freude: Heute ist in Betlehem der Messias geboren! Der Retter, auf den alle gewartet haben. Lauft schnell hin und begrüßt ihn! Sucht einen Stall. Dort werdet ihr ein Kind finden. Es ist in Windeln gewickelt und liegt in einer Krippe."

In diesem Moment kamen noch viel mehr Engel. Sie lobten Gott und fingen an zu singen. Ihr Lied war das Schönste, was die Hirten jemals in ihrem Leben gehört hatten. Silberhell klang ihr Gesang durch die Nacht: „Ehre sei Gott in der Höhe und Friede den Menschen auf Erden!"

17

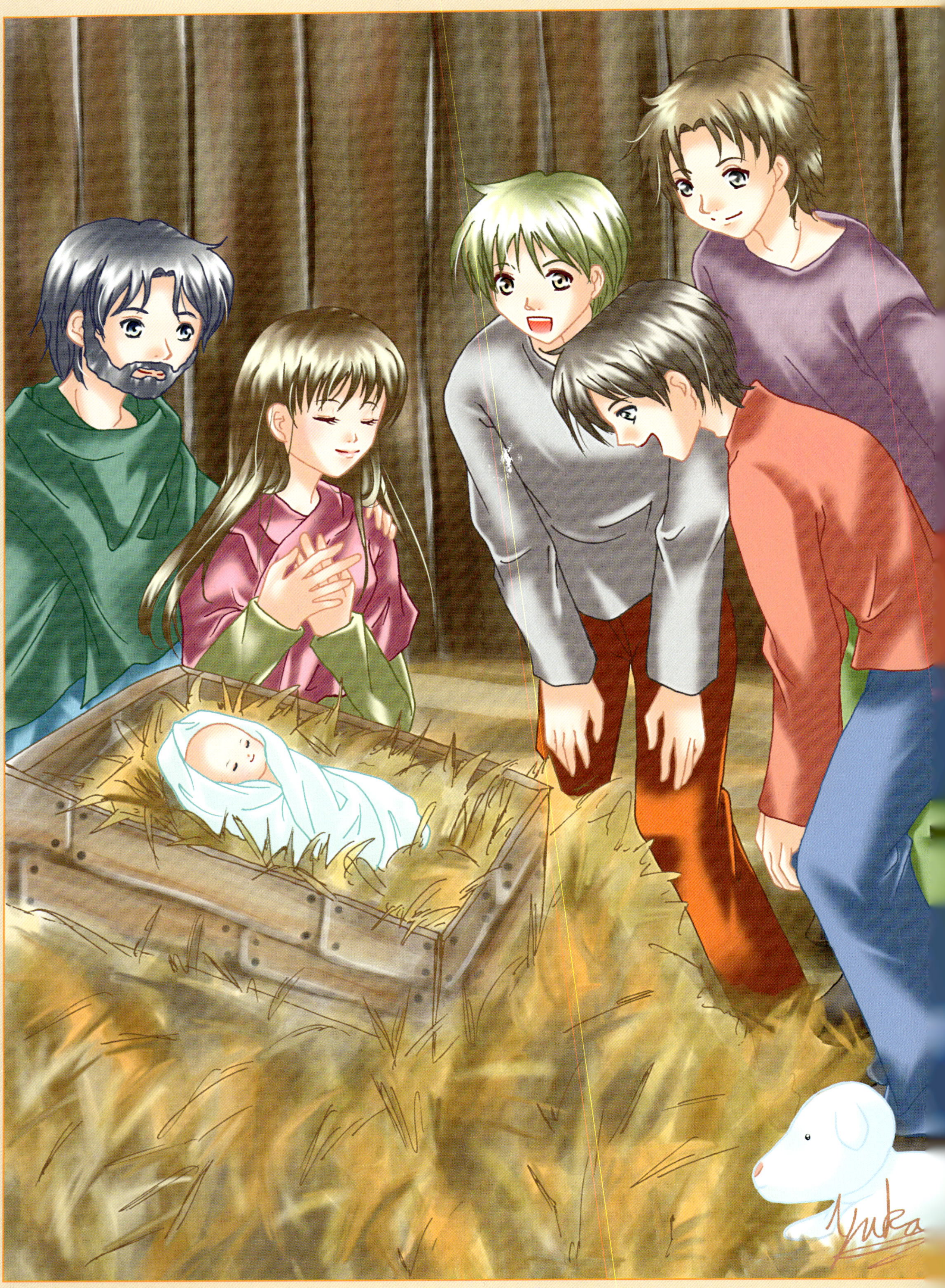
Yuka

Als die Engel das Feld verlassen hatten, wurde es für einen Moment still. Doch dann riefen alle Hirten ganz aufgeregt durcheinander: „Kommt, lasst uns nach Betlehem gehen und das Kind suchen! Das müssen wir sehen!" Sie liefen, so schnell sie konnten, durch die Dunkelheit.

Ganz außer Atem erreichten sie den Stall. Sie traten ein und fanden alles genau so vor, wie es der Engel beschrieben hatte: Maria und Josef und das Kind, das in der Krippe lag. Da fielen sie nieder und beteten. Sie wünschten dem Kind nur das Allerbeste und dankten Gott dafür, dass er ihnen nun endlich den Retter geschickt hatte. Sie baten ihn, das Kind immer gut zu beschützen. Dann erzählten sie Maria alles, was der Engel gesagt hatte. Maria hörte ihnen gut zu und beschloss: „Alles, alles – auch das kleinste bisschen, das in dieser Nacht geschieht, will ich in Erinnerung behalten."

Das war das allererste Weihnachten, das je gefeiert wurde. Es heißt Weihnachten, weil die Nacht, in der Jesus das Licht der Welt erblickte, durch seine Geburt geweiht wurde. So nennt man es, wenn etwas besonders Schönes passiert, weil Gott es so will. Bis heute feiern wir jedes Jahr an Weihnachten die Geburt Jesu. Und bis heute singen die Menschen an Weihnachten vor Freude und machen sich gegenseitig Geschenke. Um sich daran zu erinnern, dass Gott den Menschen in dieser Nacht den Messias geschenkt hat.

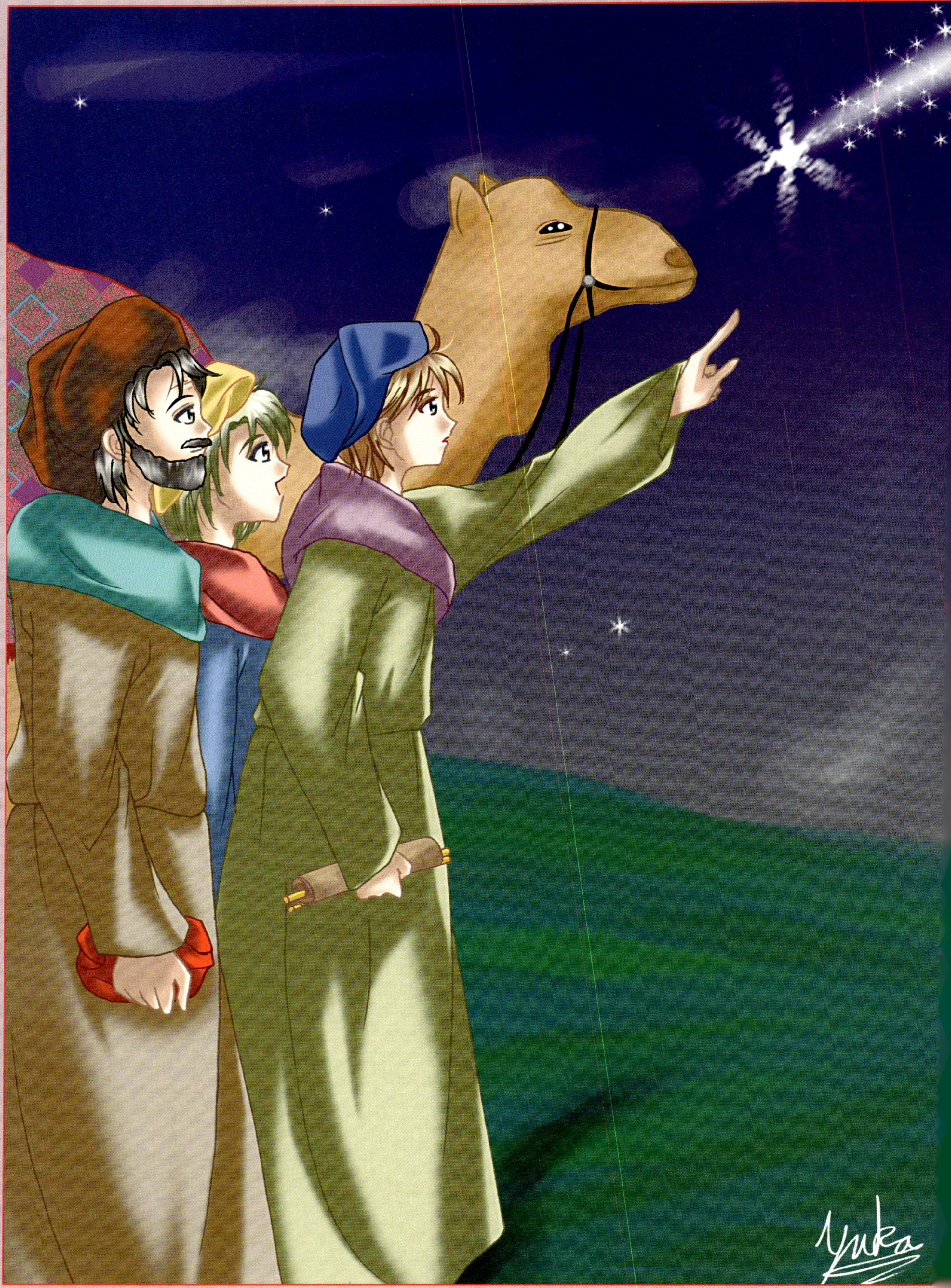
Yuka

Vielleicht findest du es komisch, dass Jesus in einem Stall geboren wurde. Der Engel hatte doch damals zu Maria gesagt: „Dein Kind wird mal ein großer König sein!" Könige werden normalerweise in einem Palast geboren. Und die ersten Besucher sind meist andere Edelleute, aber keine armen Hirten.

Siehst du, genau das ist das Besondere an Jesus: Jesus ist für alle Menschen geboren, nicht nur für die Reichen. Und darum haben ihn die ganz Armen als Erstes gefunden und besucht. Doch es kamen auch Reiche und Vornehme, um ihn willkommen zu heißen.

Immer dem Stern nach

Weit, weit weg im Morgenland, dort wo die Sonne aufgeht, lebten drei kluge und weise Männer. Jede Nacht blickten sie in den Himmel und erforschten den Lauf der Sterne. Eines Abends machte der Jüngste von ihnen eine ganz erstaunliche Entdeckung: „Kommt schnell her! Da ist ein ganz neuer Stern aufgegangen. Ich habe schon viele Sterne gesehen, aber dieser ist der schönste, den ich je gesehen habe. Seht nur, wie hell er leuchtet! Was kann das bedeuten?" Der Älteste der Sterndeuter überlegte lange. „Das kann nur eines heißen: Es ist ein neuer König geboren!"

Der Jüngste war sehr verwundert: „Ein König, der seinen eigenen Stern hat? Das habe ich ja noch nie gehört. Es gibt so viele Könige. Aber noch nie gab es einen, für den ein neuer Stern am Himmel erschienen ist." „Ja", sagte der dritte der Sterndeuter, „du hast recht. Das müssen wir uns genauer ansehen. Kommt! Wir wollen diesen neuen König suchen und ihn begrüßen."

Sie sattelten ihre Kamele und machten sich auf die Reise, um das Kind zu suchen. So gut es ging, folgten sie dem Stern. Sie ritten viele Tage lang. Ihr Weg führte sie durch die Wüste, über die Berge, vorbei an Seen und Flüssen. Und siehe da: Der Stern führte sie ins Land der Israeliten. „Ab nun ist es ganz einfach", sagte der älteste Sterndeuter, „wir werden in die größte Stadt reiten, die es hier gibt. Sie heißt Jerusalem. Dort werden wir nach dem neuen Königssohn fragen."

Überall in der Stadt fragten sie nach dem Königskind. Doch niemand konnte ihnen weiterhelfen. Immer wieder hörten sie die gleiche Antwort: „Ein Königskind? Nein, wir kennen nur Herodes. Den haben die Römer zum König unseres Landes gemacht. Aber der ist schon groß. Und alt ist er auch!" Aber noch etwas war seltsam: Alle schienen irgendwie Angst vor Herodes zu haben.

Die drei Sterndeuter ließen sich aber nicht davon abhalten. Sie gingen zu König Herodes in den Palast. „Wo ist der neugeborene König der Juden? Wir haben seinen Stern aufgehen sehen und sind gekommen, um ihn zu begrüßen!" Herodes war ganz und gar nicht begeistert, als er das hörte. „Also so was! Schließlich bin ich ja wohl der König der Juden", dachte er ärgerlich. Er rief die Hohepriester und die Schriftgelehrten zu sich. Das waren Männer, die sich mit den alten Gesetzen der Israeliten besonders gut auskannten. Die Menschen in Palästina hörten auf sie, und die Könige holten sich Rat bei ihnen. So machte es auch Herodes. Er fragte sie: „Wisst ihr etwas von einem neuen König? Einem König, dessen Geburt von einem Stern angezeigt wird?" Die Schriftgelehrten dachten nach: „Das kann nur der Messias sein. In unseren Schriften steht: Er wird in Betlehem geboren werden."

Da wurde Herodes sehr wütend: „Es darf nur einen König geben, nämlich mich. Der andere muss unbedingt verschwinden!" Herodes dachte sich schnell einen Plan aus. Er ging zurück zu den Sterndeutern und tat ganz freundlich: „Ich will euch gern helfen: Meine Ratgeber sagen, der neue König soll in Betlehem geboren werden. Geht dorthin und seht nach! Findet ihr das Kind, kommt sofort zu mir zurück! Denn ich will es natürlich auch besuchen." Die drei Sterndeuter dankten dem König und verabschiedeten sich. Herodes jedoch hatte etwas ganz anderes mit dem Kind vor: Er wollte es töten lassen. Er musste nur noch herausfinden, wo es jetzt war …

Geschenke

Die drei Weisen machten sich auf den Weg nach Betlehem. Es war schon Abend, als sie dort ankamen. Sie schauten sich um. Dort, direkt über einem einfachen Stall glitzerte der Stern. Sie gingen leise hinein und fanden die kleine Familie mit dem schlafenden Baby. Die Sterndeuter fielen auf die Knie und neigten ehrfürchtig ihre Köpfe: „Endlich haben wir dich gefunden. Willkommen! Willkommen auf der Welt, du gesegnetes Kind! Wir haben dir Geschenke gebracht. Hier, ein Beutel mit Gold", sagte der Erste. „Ich schenke dir diese Schale Weihrauch. Der duftet ganz wunderbar, wenn man ihn anzündet", sagte der Zweite. Auch der dritte Weise hatte etwas mitgebracht: „Von mir bekommst du ein Töpfchen mit Myrrensalbe. Sie duftet schön und heilt Wunden." Maria und Josef bedankten sich gerührt: So etwas Feines bekamen damals nur Könige geschenkt.

Ein gefährlicher Plan

Nach einer Weile verabschiedeten sich die Weisen. Am nächsten Tag wollten sie zurück nach Hause reiten. In der Nacht hatten alle drei denselben Traum. Ein Engel warnte sie: „Geht nicht zu Herodes zurück! Er will das Kind töten." Am Morgen stiegen sie sofort auf ihre Kamele und ritten heim. Um Jerusalem und Herodes machten sie einen

25

großen Bogen. Niemals würden sie Jesus verraten! Herodes merkte bald, dass die drei Männer nicht zurückkamen. Da wurde er sehr böse. Er rief seine Soldaten zu sich und befahl: „Geht nach Betlehem! Dort tötet ihr alle kleinen Jungen!" Und für sich selbst dachte er: „Irgendeiner von ihnen wird schon dieser Königssohn sein."

Doch bevor die Soldaten die Stadt erreichten, war Josef mit Maria und Jesus schon geflohen. Wieder war ihm ein Engel erschienen. Diesmal warnte er: „Josef, steh auf! Nimm das Kind und seine Mutter und flieh nach Ägypten! Herodes sucht es, er will es töten. Beeil dich, ihr seid in Gefahr!" Das musste man Josef nicht zweimal sagen. Mitten in der Nacht machte er sich mit seiner Familie auf und verließ heimlich das Land. Jahre später starb Herodes. Da kehrten Josef, Maria und Jesus wieder in ihre Heimat zurück: in das kleine Dorf Nazareth.

Endlich waren die Jahre im fernen Ägypten vorüber. Maria und Josef waren froh, wieder in ihrem Heimatdorf Nazareth zu leben. Der kleine Jesus entwickelte sich prächtig. Zunächst tat er einmal das, was alle Kinder tun: größer werden, jeden Tag. Maria und Josef waren stolz auf ihn und liebten ihn sehr. Auch die anderen Leute im Dorf mochten Jesus gern. Er war freundlich und hilfsbereit. Einfach zum Gernhaben. Ob er wie alle Kinder auch mal ungezogen war?

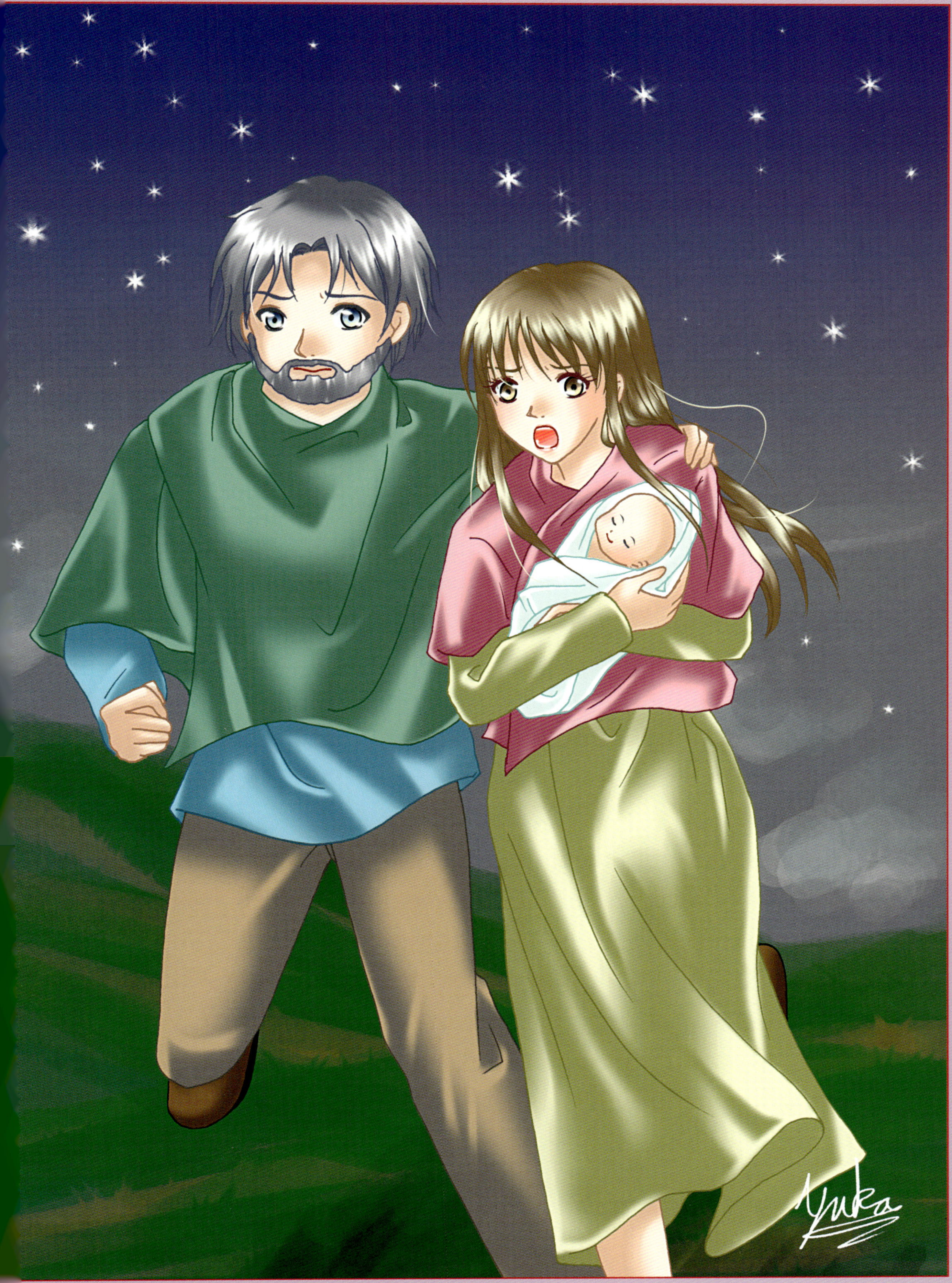
Yuka

Ob er Streiche aussheckte? So genau weiß man das nicht. Doch er war wohl ein sehr kluges Kind, das steht fest. Davon erzählt auch die folgende Geschichte:

Jesus im Tempel

Jesus war in dem Jahr zwölf geworden. Eines Tages war er sehr aufgeregt. Gerade hatte er eine große Neuigkeit erfahren: Er durfte zum ersten Mal mit seinen Eltern nach Jerusalem zum Pessachfest reisen. So heißt ein großes Fest der Juden. Es wird jedes Jahr gefeiert. Man kann es sich wie eine Woche voller Feiertage vorstellen. Nur dass man die nicht zu Hause feiert. Nein, alle treffen sich in Jerusalem und feiern dort gemeinsam. Fromme Juden tun dies auch heutzutage noch. So machte sich fast das gesamte Dorf Jahr für Jahr auf, um in Jerusalem das Pessachfest zu feiern. Und dieses Jahr war Jesu Wunsch endlich in Erfüllung gegangen: Er durfte mit.

„So eine weite Reise!", dachte er aufgeregt. „Mit allen Nachbarn, Freunden und Verwandten!" Viele Tage musste man gehen, um in die Hauptstadt zu kommen. Aber jeder tat es gern, hatte gute Laune und sang fröhlich. Bei strahlendem Sonnenschein erreichten sie Jerusalem. Da lag sie vor ihnen, die prächtige Stadt. Viele, viele Häuser und in der Mitte: der Tempel mit seinem goldenen Dach! Jesus hatte von diesem Tempel schon oft gehört. Es war ein heiliger Ort. Dort betete man zu Gott und sprach über ihn.

In der Stadt angekommen, hielt sich Jesus dicht bei Josef. Es waren eine Menge Leute unterwegs. Ein Gewimmel und Getümmel, sehr aufregend. Man musste aufpassen, nicht verloren zu gehen. Endlich erreichten sie das Tor, das zum Vorhof des Tempels führte. Der Vorhof war riesengroß. Vor den Wänden gab es hohe weiße Säulenreihen. Dazwischen standen oder saßen kleine Gruppen von Menschen und sprachen miteinander. Sie sprachen über die Heilige Schrift. Über die alten Geschichten ihres Volkes. Darüber, wie man leben sollte, um Gott zu gefallen. In der Heiligen Schrift waren die wichtigsten Geschichten von Gott und den Juden aufgeschrieben worden. Weil es damals noch keine Bücher gab, hatte man diese Geschichten auf einem langen Blatt aufgeschrieben. Das wurde dann mit zwei Holzstangen aufgerollt. Es wurde Thora genannt.

Jesus sah Priester und Gelehrte in ihren prächtigen Gewändern. Er spitzte die Ohren und hörte, dass sie die Heilige Schrift erklärten. Jesus wurde es ganz warm ums Herz. Das klang so spannend, was diese Männer sagten. Und er hatte so viele Fragen dazu.

Er ließ Josefs Hand los. „Darf ich da vorn zuhören bei dieser Gruppe?" Josef nickte: „Natürlich, mein Junge! Ach, da drüben ist ein Cousin von mir. Ich will ihn schnell begrüßen." Er ging davon. Jesus war begeistert. Er durfte wie ein Großer im Tempel sein. Von da an verbrachte er jeden Tag der Festtagswoche bei den weisen Männern. Männer, die wirklich jedes Wort der Heiligen Schrift kannten. Genau wie er liebten sie die Heilige Schrift. Er war glücklich wie nie zuvor!

Nachdem das Pessachfest zu Ende war, machten sich die Menschen wieder auf den Heimweg. Auch Maria und Josef wollten gerade losgehen, da schaute Maria sich um: „Josef! Wo ist denn unser Jesus nur? Ich kann ihn nirgends entdecken!" „Keine Sorge, Maria!", antwortete Josef, „Er wird vorn bei den anderen Kindern sein! Lass uns aufbrechen!"

Maria war beruhigt. Natürlich. So musste es sein. Jesus war ja vernünftig. Aber am Abend, als sie einen Platz für ihr Nachtlager gefunden hatten, war er nirgends zu sehen. Nun bekam Maria Angst. Sie lief von einem zum anderen und fragte: „Habt ihr unseren Jesus gesehen?" Niemand konnte ihr weiterhelfen. Maria war außer sich. So schnell sie konnte, lief sie zu Josef: „Unser Kind ist verschwunden! Bestimmt ist ihm etwas passiert. Josef, wir müssen zurück! Josef – sofort!" Josef nahm Marias Hand und streichelte sie: „Heute können wir nicht mehr zurück, es wird bald Nacht. Gleich morgen in der Frühe gehen wir den Weg zurück und suchen ihn." Kurz vor Sonnenaufgang liefen die beiden wieder nach Jerusalem zurück.

Sie fragten jeden, der ihnen begegnete. Sie suchten in jeder Straße, bei allen Verwandten und Bekannten. Doch niemand hatte Jesus gesehen. Maria weinte: „Sicher ist ihm etwas passiert. Der Junge würde nie weglaufen. Was sollen wir nur tun?"

Josef nahm sie in den Arm: „Wir gehen in den Tempel und beten. Wir fragen Gott um Rat. Erinnerst du dich, was damals der Engel gesagt hat, als wir Jesus bekommen haben? Gott wird ihn beschützen. Und er wird uns helfen, ihn zu finden." Maria wischte sich mit ihrem Ärmel die Tränen aus dem Gesicht: „Du hast recht, Josef."

Schließlich kamen sie zum Tempel. Sie gingen durch das Tor. Eine große Menschenmenge saß um einen Mann und einen Jungen herum und lauschte still ihrem Gespräch. Maria packte Josef am Arm: „Hör mal! Das ist doch ... JESUS!", schrie sie, so laut sie konnte. Die Menschenmenge teilte sich. Da saß der Junge und blickte seine Eltern mit großen Augen an: „Was ist denn, Mama?" „Wir haben dich überall gesucht!" Jesus war ein wenig verlegen: „Ich dachte, ihr wisst, wo ich bin." Maria war immer noch aufgeregt: „Ja, aber, Junge, woher sollen wir denn wissen, wo du bist?" Da guckte Jesus, als ob es keine andere Antwort geben konnte: „Ja, aber – ihr hättet euch doch denken können, dass ich im Haus meines Vaters sein muss.

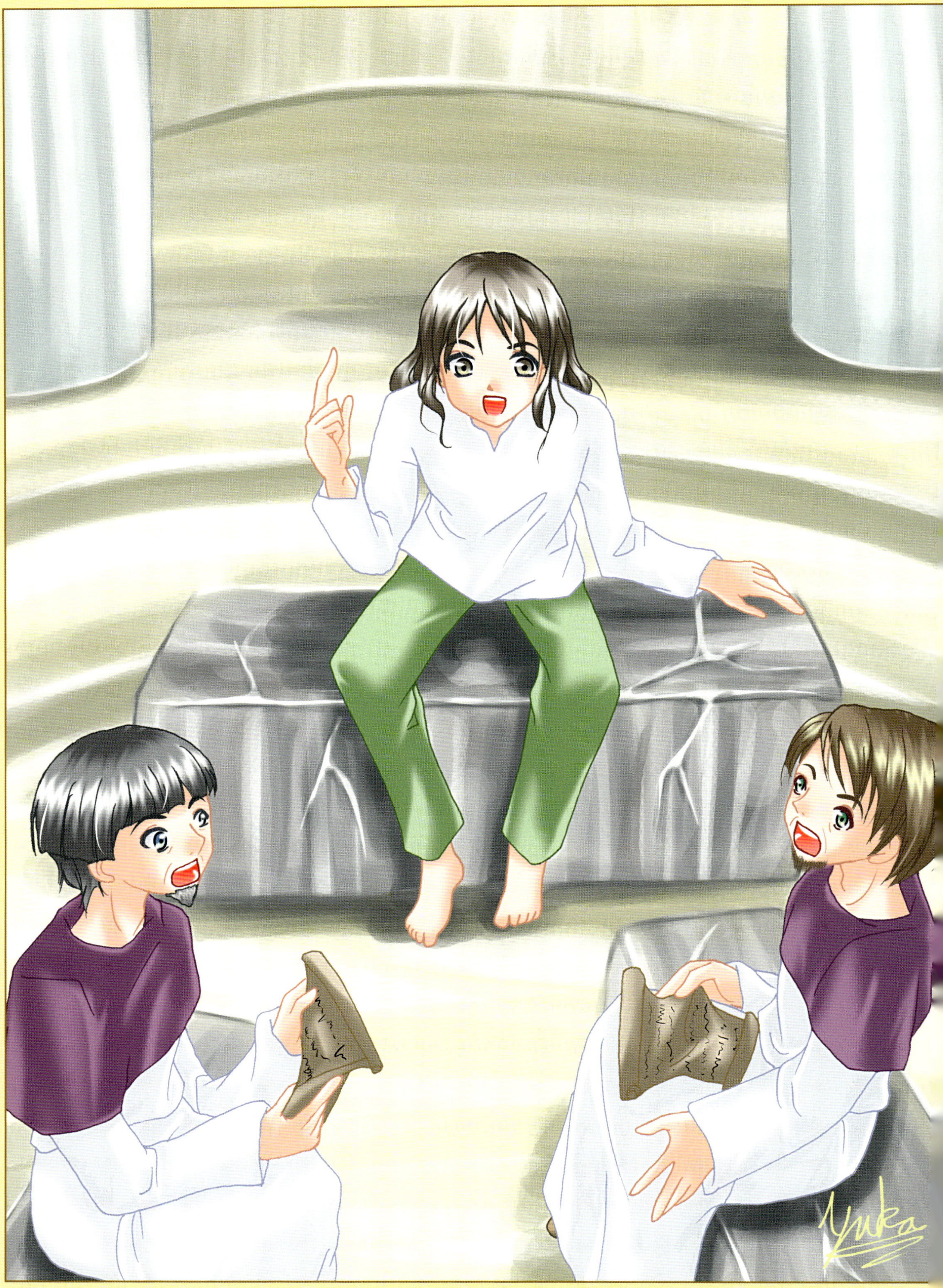
Yuka

Wo soll ich denn sonst sein?" Da lachte Josef. „Siehst du", flüsterte er Maria zu, „Gott passt schon auf ihn auf. Der Junge weiß, wo er hingehört." Maria musste trotzdem ein bisschen weinen. Sie nahm Jesus in den Arm und drückte ihn fest an sich. „Gott sei Dank, dass ich dich wiederhabe", murmelte sie.

„Ein sehr kluger Junge, den ihr da habt", sagte einer der Priester, der in der Gruppe stand, „ich habe noch nie jemanden getroffen, der solche Fragen stellt. Er hat selbst mich immer wieder zum Nachdenken gebracht." Maria lächelte. „Mama, bist du mir böse? Ich habe ganz vergessen, dass es schon Zeit zum Abreisen war", fragte Jesus. „Nein, natürlich nicht. Ich verspreche dir, nächstes Jahr kommen wir wieder nach Jerusalem und bleiben etwas länger. Aber jetzt müssen wir nach Hause." Sie nahmen ihren Jesus an die Hand und kehrten gemeinsam nach Nazareth zurück. Dort wuchs Jesus heran. Und seine Weisheit nahm zu, und er fand Gefallen bei Gott und den Menschen.

ZWEITER TEIL

Wie Jesus den Menschen die Frohe Botschaft brachte

Jesus wurde erwachsen. Einige Jahre verbrachte er noch in seinem Heimatdorf Nazareth. Aber eines Tages wusste er ganz genau, was er von nun an tun wollte: Er war Gottes Sohn und seine Aufgabe war es, den Menschen von seinem himmlischen Vater zu erzählen. Davon, wie sehr Gott sie liebte. So verließ er Nazareth und wanderte durch das Land. Überall, wo er auftauchte, versammelten sich viele Leute, um ihn sprechen zu hören. Er wurde bewundert und verehrt. Und es waren nicht nur seine Worte, die die Menschen begeisterten. Es waren auch seine Taten, denn Jesus half Menschen in größter Not. Wo er auch war, immer geschah etwas ganz Besonderes. Von dieser Zeit erzählen viele Geschichten. Auch die von Johannes, dem Täufer:

Johannes findet seine Aufgabe

Wer war nur dieser Mann im Kamelhaarmantel? Er stand mit beiden Füßen im Fluss und sprach zu allen Menschen, die an ihm vorübergingen. So was Verrücktes! Aber warum tat er das?

Der Mann hieß Johannes. Johannes war der Sohn von Elisabeth. Wisst ihr noch, wer Elisabeth war? Die Cousine von Maria. Auch zu Elisabeths Mann hatte damals ein Engel gesprochen und angekündigt: „Gott hat Großes mit Johannes vor." Und das hatte er wirklich. Johannes sollte nämlich die Menschen darauf vorbereiten, dass der Messias geboren war. Aber – wie macht man das? Klopft man an alle Türen? Läuft man durch die Straßen und ruft? Johannes wusste es nicht.

Also ging er für einige Wochen in die Wüste. In der Wüste gibt es nur Sand und Felsen. Dort ist es ganz still. Johannes hoffte auf eine Eingebung. So nennt man es, wenn man eine ganz besonders gute Idee hat. Eine Idee, die so gut ist, dass sie direkt von Gott kommen muss. Er ging in die Wüste, um nicht abgelenkt zu sein, wenn die Idee kommt. Allerdings musste er auch von dem leben, was es dort gab. Und viel gab es nicht. Johannes ließ sich etwas einfallen. Wenn er hungrig war, aß er Heuschrecken. Manchmal fand er wilden Honig, den er naschen konnte. Weil es nachts so kalt war, trug er einen Mantel aus Kamelhaar, der ihn schön warm hielt.

Dann war sie plötzlich da, die Eingebung. Auf einmal wusste Johannes, wie er die Menschen auf den Retter vorbereiten konnte: „Ich gehe zu dem Fluss Jordan. Ich stelle mich dorthin, wo die meisten Menschen vorbeilaufen. Und ich rede mit ihnen." Gesagt, getan. Und da stand er nun in seinem merkwürdigen Gewand und rief: „Macht euch bereit! Der Messias kommt bald! Ändert euer Leben!"

Die Leute schauten sich fragend an. Sie waren neugierig geworden. Sie wünschten sich sehr, dass der Messias bald kommt. Da trat ein Bauer vor und rief: „Johannes, was sollen wir tun? Wie sollen wir uns bereitmachen?" Johannes lächelte: „Es ist ganz einfach. Tut niemandem etwas Böses! Betrügt und belügt euch nicht gegenseitig! Seid freundlich und fürsorglich miteinander! Teilt, was ihr habt, mit denen, die arm sind!" Der Bauer senkte den Blick und schwieg erst ein bisschen. Dann sagte er leise: „Was du sagst, stimmt. So sollte man es machen." Dann aber fiel ihm etwas ein. War es nicht schon zu spät? Hatte er nicht bisher schon viel zu viel falsch gemacht? Das ließ sich doch nicht mehr ändern. „Johannes", sagte er, „früher, da war ich nicht immer ganz ehrlich."

Ein anderer Mann neben ihm nickte. „Was können wir jetzt tun, um unsere Fehler von früher wieder gutzumachen?" Johannes schaute sie feierlich an: „Kommt zu mir in den Fluss. Ich will euch mit dem Wasser des Jordans taufen. Das Eintauchen in das Wasser soll das Zeichen für einen Neubeginn sein. Ab jetzt sollt ihr ein besseres Leben führen. Dann könnt ihr mit reinem Herzen dem Messias gegenübertreten." Und alle waren erleichtert und kamen zu ihm in den Fluss und ließen sich von ihm taufen. Inmitten der vielen Menschen, die sich von Johannes taufen lassen wollten, erblickte er plötzlich einen Mann. Und er wusste sofort, wer das war.

„Jesus! Willst du dich etwa auch taufen lassen? Von mir?", fragte er überrascht. „Ja", sagte Jesus, „das will ich." Johannes zögerte: „Ich glaube, das kann ich nicht. Du solltest mich taufen!" Aber Jesus schüttelte den Kopf. Und als Johannes ihn in die Fluten tauchte, fiel ein gleißend heller Sonnenstrahl auf Jesus. Eine weiße Taube kam vom Himmel herab. Und es ertönte eine glückliche Stimme aus dem Himmel: „Das ist mein geliebter Sohn." Ihr könnt euch denken, wie stolz Johannes war. Er hatte nicht umsonst die schwere Zeit in der Wüste verbracht. Das war es also, was Gott mit ihm vorgehabt hatte.

Bis heute werden jeden Tag Menschen getauft. Manche schon als Baby, weil es die Eltern so wünschen. Manche aber auch erst später in ihrem Leben. Doch ob groß, ob klein, sie alle werden dann mit Wasser begossen. Zur Erinnerung an die erste Taufe, damals im Jordan. Die Taufe macht sie zu Christen, also zu Menschen, die glauben, dass Jesus der Messias ist. Das griechische Wort für Messias heißt: Χριστός (Christós). Und dieser Name wird bis heute benutzt: Jesus Christus. Weißt du noch? Die Juden warteten sehnsüchtig auf den Messias. Der Name Messias bedeutet „Der Gesalbte". Königen und Herrschern wurde früher nämlich bei ihrer Amtseinführung das Haupt mit kostbarem Öl gesalbt. Das Salben sollte sie daran erinnern, dass ihre Macht von Gott kam, der immer über allem steht.

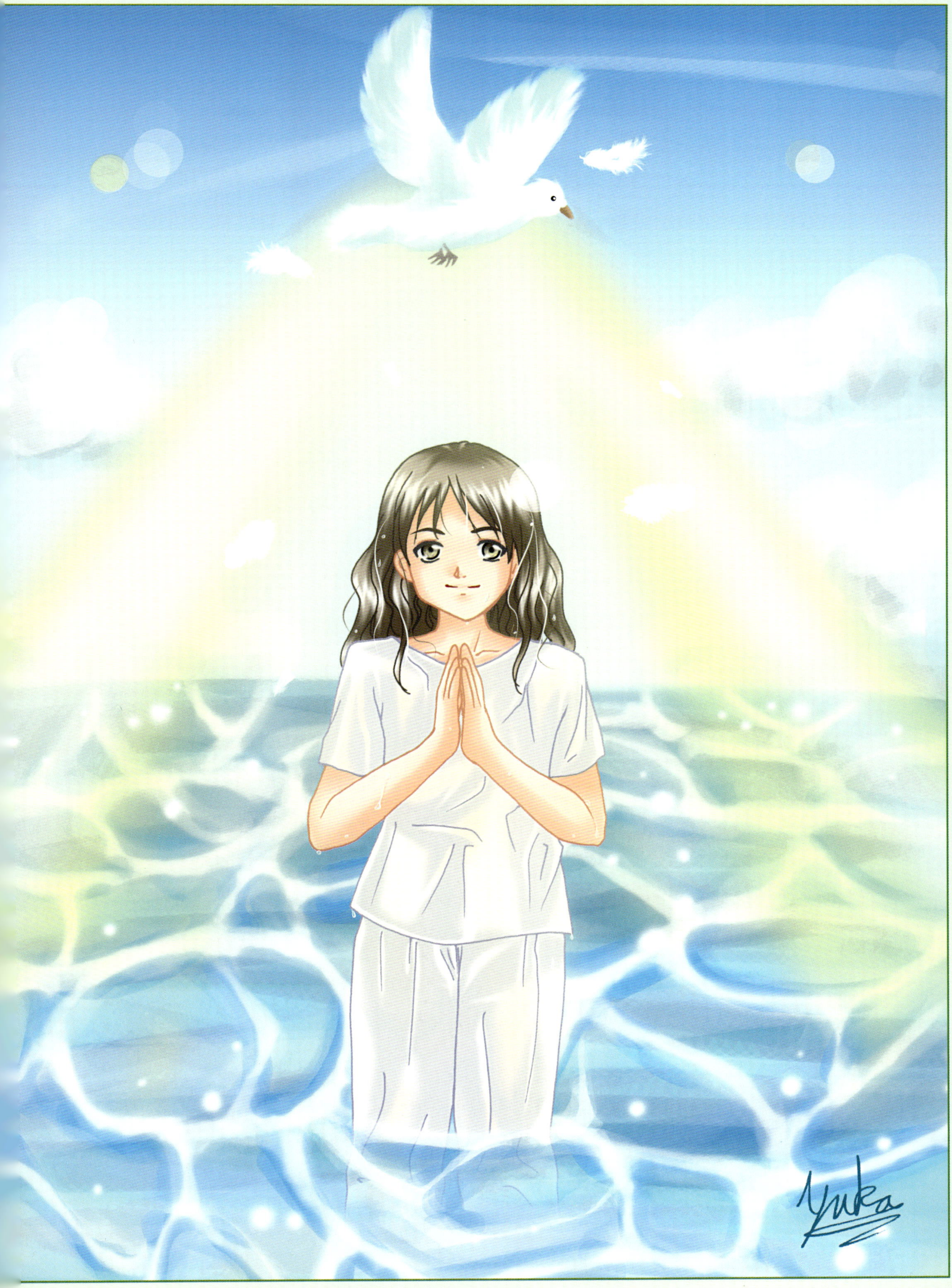
Yuka

Ein großer Fang

Ganz früh am Morgen war es am See Genezareth wunderschön: Die Sonne ging gerade auf, die Vögel erwachten, und ein leichter Wind strich durch das Schilf. Es würde ein herrlicher Tag werden. Am Ufer saßen vier Fischer. Sie machten enttäuschte Gesichter und hatten schlechte Laune. Du fragst dich vielleicht: Wie kann man an einem so schönen Tag nur so traurig sein? Nun, die vier hatten die Nacht auf dem See verbracht. Das ist die beste Zeit zum Fischen. Aber gefangen hatten sie nichts. Nicht mal einen klitzekleinen Fisch. Das war schlimm für sie. Kein Fisch, den sie auf dem Markt verkaufen konnten. Kein Fisch zum Essen für ihre Familien. Alle Mühe umsonst.

Gerade wollten sie die Netze zusammenlegen und nach Hause gehen. Da hörten sie Stimmen. Irgendwo in der Nähe waren sehr viele Leute. Die Fischer schauten sich an. Wo kamen die denn auf einmal her? Da sahen sie einen Mann. Er schritt auf das Seeufer zu. Hinter ihm liefen Dutzende von Männern und Frauen her. Und sie alle sahen den Mann erwartungsvoll an. Du ahnst vielleicht schon, wer der Mann war. Richtig, es war Jesus. Er bemerkte die vier Fischer und grüßte fröhlich:

„Hallo Petrus! Hallo Andreas! Erinnert ihr euch an mich?" Petrus und sein Bruder hatten Jesus sofort erkannt. „Natürlich", sagte Petrus, „du hast vor ein paar Tagen meiner Schwiegermutter sehr geholfen." Er sprang auf. „Das hier sind meine Freunde Jacobus und Johannes. Sie sind die Söhne von Zebe-däus. Zebedäus sitzt dort drüben und bessert die Netze aus."

Jesus nickte allen freundlich zu. Er blickte über den See. Dann sagte er zu ihnen: „Ich habe eine Bitte an euch. Würdet ihr mich ein Stück hinausrudern? Dann können mich die Leute besser sehen und hören." Das tat Petrus natürlich gern. Er und Andreas stiegen in ein Boot. Sie ließen Jesus einsteigen, stießen vom Ufer ab und tauchten ihre Ruder in den dunkelgrünen See. Als sie ein paar Meter vom Ufer entfernt waren, stoppten sie und hielten das Boot ruhig im Wasser. Da stand Jesus auf und breitete die Arme aus, als wenn er alle umarmen wollte: „Ich will euch von Gott erzählen."

Die Menschen schauten zu ihm hinüber. „Gott hat euch sehr lieb, euch alle – ohne Ausnahme! Darauf könnt ihr euch verlassen!" Er sprach laut, damit alle ihn hören konnten, und doch war seine Stimme dabei ruhig und sanft. Johannes und Jacobus waren mit den anderen am Ufer geblieben. Ihnen gefiel, was Jesus gesagt hatte. Johannes wollte es genauer wissen: „Aber, wenn ich einen großen Fehler mache, was ist dann? Dann wird Gott doch böse mit mir sein." „Nein", antwortete Jesus, „Gott verzeiht. Er hat euch immer lieb." Da meldete sich Jacobus zu Wort. „Also ist es ganz egal, ob ich gut oder schlecht bin?", fragte er fast ärgerlich. „Das ist doch ungerecht! Ich strenge mich an und versuche alles richtig zu machen. Und einer, der das nicht macht, der wird genauso geliebt?"

Jesus nickte verständnisvoll: „Gott wird ihn genauso lieben, wenn er um Verzeihung bittet und sich wirklich ändert, denn Gottes Güte und Barmherzigkeit ist ohnegleichen. Ich werde es euch erklären: Gott ist nicht mal so und mal so. Er liebt euch bedingungslos. Vom ersten bis zum letzten Tag eures Lebens. Wer diese Liebe fühlt, der wird ein glücklicher und froher Mensch sein. Ein Mensch, der eine Menge Sachen kann, die ansonsten sehr schwer sind: Er kann nach einem Streit dem anderen als Erster die Hand reichen und sich mit ihm vertragen. Oder er kann etwas zurückgeben, das er gefunden hat, anstatt es heimlich zu behalten. Oder er kann einem Schwächeren helfen. Oder mit einem armen Menschen teilen. Und noch vieles mehr. Das ist wichtig! Gott ist immer bei euch. Wenn ihr mal Angst habt, denkt daran, Gott ist da. Er gibt euch Kraft, die Angst zu besiegen. Gott ist euer ständiger, treuer Begleiter. Amen, ich sage euch, Gottes Liebe ist grenzenlos!"

Petrus im Boot saß mit offenem Mund und großen Augen da. War das schön, was Jesus gesagt hatte! Immer geliebt zu sein. Ganz einfach so, wie man ist. Nicht als Belohnung für gutes Benehmen. Oder weil man ganz viel geschafft hat oder … Nein, einfach so. Jesus hatte sogar „Amen" gesagt. Wenn jemand Amen sagt, dann versichert er damit, dass das, was er sagt, ohne Zweifel und für immer richtig ist und stimmt.

In die Menschengruppe am Ufer kam Bewegung. Auch dort hatten alle verstanden, wie schön das war, was Jesus gesagt hatte. Manche hatten Tränen in den Augen. Aber vor Freude. Das war eine frohe Botschaft! Einige holten tief Luft und bekannten, dass sie nie mehr etwas anderes hören wollten. Jesu Nachricht war direkt in ihren Herzen angekommen.

Frohen Mutes gingen die Leute nach Hause. Petrus und Andreas ruderten Jesus wieder an das Ufer zurück. Petrus wollte gerade mit Andreas das Boot an Land ziehen, da hob Jesus die Hand: „Halt, lasst das Boot im Wasser! Rudert noch einmal hinaus und werft eure Netze aus!" Petrus sah Jesus ungläubig an: „Am Tag Fische fangen? Wie soll das gehen? Wir haben doch schon in der Nacht nichts gefangen."

Jesus sah erst Andreas an, dann Petrus und sagte mit fester Stimme: „Vertraut mir! Fahrt noch einmal hinaus!" Petrus und Andreas kam das merkwürdig vor. Aber sie stiegen trotzdem wieder in ihr Boot. Weit draußen auf dem See warfen sie ihre Netze aus. Es verging kaum eine Viertelstunde, da waren die Netze voller Fische. Sie rissen fast auseinander. Petrus und Andreas riefen nach Jacobus und Johannes, die zum

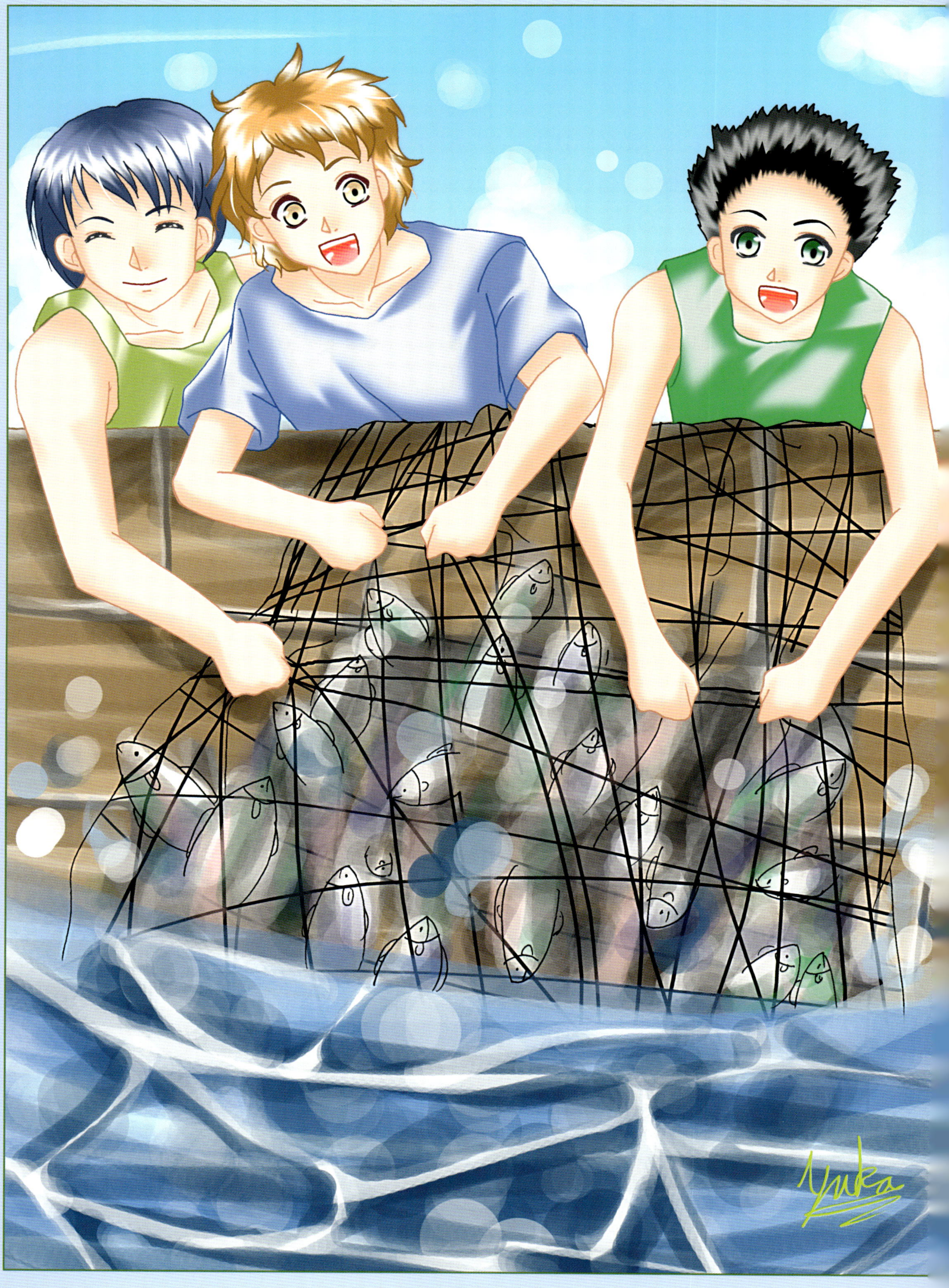
Yuka

Glück mit ihrem Boot in der Nähe waren. Sie halfen ihnen, die Netze einzuholen. Alle vier waren erstaunt und erschrocken – noch nie hatten sie einen so großen Fang gemacht. Und dann auch noch am helllichten Tag. Schweigend ruderten sie ans Ufer zurück. Petrus war ein bisschen mulmig. Er hatte sich nicht vorstellen können, dass sie am Tag Fische fangen würden.

Als sie wieder an Land waren, ging Petrus mit gesenktem Kopf zu Jesus: „Ich will ehrlich zu dir sein: Ich habe dir nicht geglaubt. Können wir trotzdem Freunde sein?" Jesus lächelte fröhlich und legte seinen Arm um Petrus' Schulter: „Aber Petrus, natürlich bist du mein Freund." Er winkte die anderen drei Fischer herbei: „Und ihr drei, Andreas, Jacobus und Johannes – auch ihr seid meine Freunde. Freunde mit einer ganz besonderen Aufgabe. Von nun an sollt ihr Menschenfischer sein!" Andreas blickte Jesus verblüfft an: „Ein Menschenfischer? Was ist denn das?" Jesus erklärte es ihnen: „Alle Menschen sollen die Frohe Botschaft Gottes hören. Ihr habt doch heute gesehen, wie glücklich sie die Menschen gemacht hat. Ihr sollt mir helfen, den Menschen von Gottes Liebe zu erzählen." Da mussten die Männer nicht lange nachdenken. Sie zogen ihre Boote an Land, ließen alles zurück und gingen mit Jesus. Später kamen noch acht weitere Männer dazu: Philippus, Bartholomäus, Matthäus, Thomas und noch einer, der auch Jacobus hieß. Außerdem Simon, Judas

Thaddäus und Judas Iskariot. Damit waren es zwölf Männer, die Jesus immer begleiteten. Man nannte sie Jünger und später die zwölf Apostel. Das Wort „Apostel" bedeutet Gesandter. Das sind Leute, die eine Botschaft überbringen. Und so war es auch mit den zwölf Männern. Sie begleiteten Jesus, um mit ihm allen Menschen die Botschaft von Gottes Liebe zu bringen.

Die Hochzeit in Kana

Die Flötenmusik war schon von Weitem zu hören. Genauso wie das laute Lachen der Gäste: In dem kleinen Dorf Kana wurde Hochzeit gefeiert. Jesus und seine Mutter Maria waren auch eingeladen. Und die Jünger ebenso. Du musst wissen, ein solches Fest dauerte damals mehrere Tage. Alle Verwandten, Freunde und Bekannten waren zu Gast. Immer wieder prostete man fröhlich dem Brautpaar zu. Es wurde getanzt und gelacht. Viele Diener sorgten dafür, dass es den Gästen an nichts fehlte. Pausenlos wurde köstliches Essen aufgetragen und Wein nachgeschenkt. Doch ab und an ging den Flötenspielern die Puste aus. Sie mussten eine Pause machen. Einmal nutzte Maria die Gelegenheit und ging nach draußen, um frische Luft zu schnappen. Sie kam an der Küche vorbei und sah hinein. Dort redeten die Diener gerade ganz aufgeregt miteinander. „Was ist denn los?", fragte sie. „Der Wein ist ausgegangen. Nicht ein einziger Tropfen ist mehr da! Was sollen wir

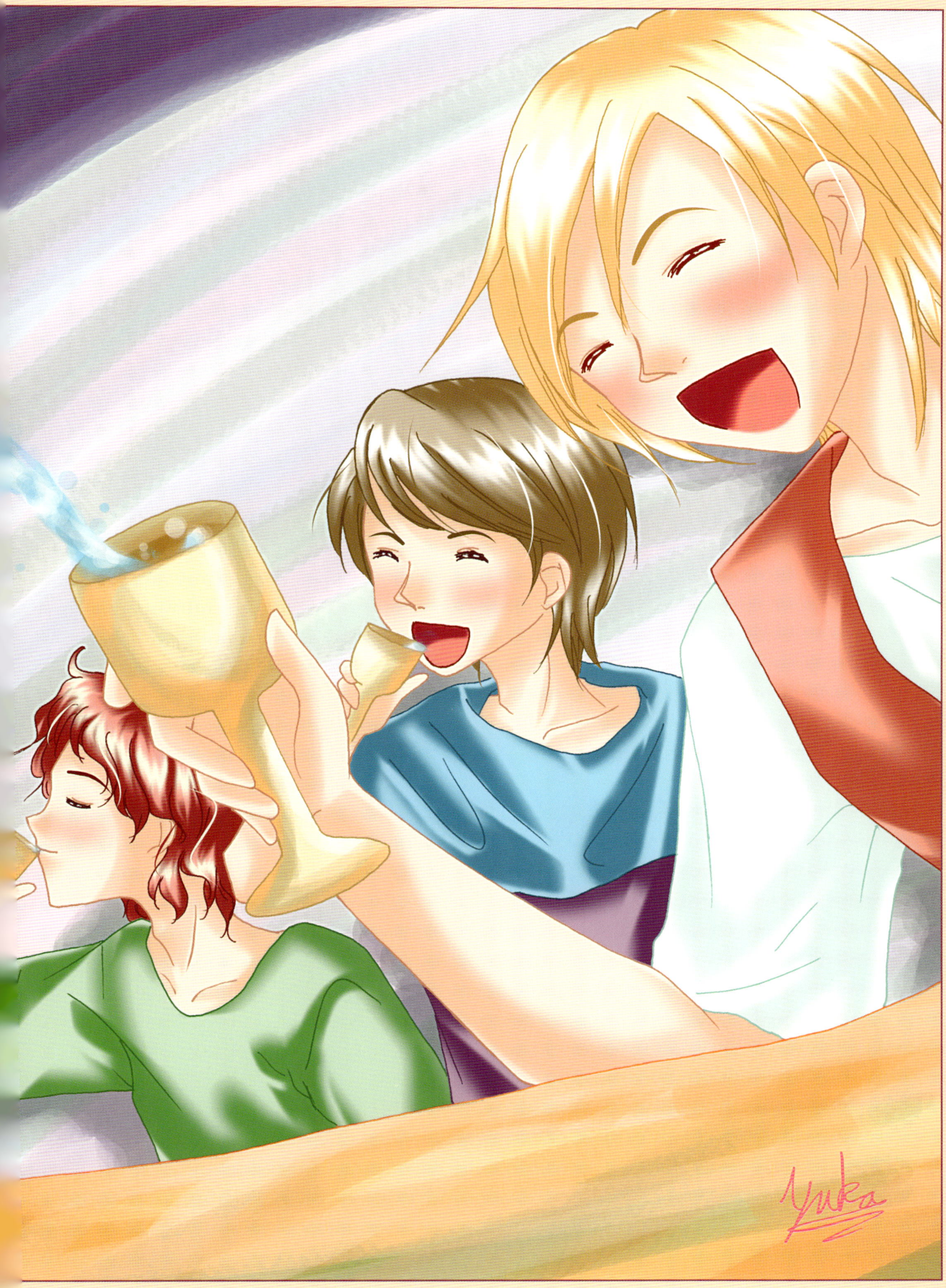
Yuka

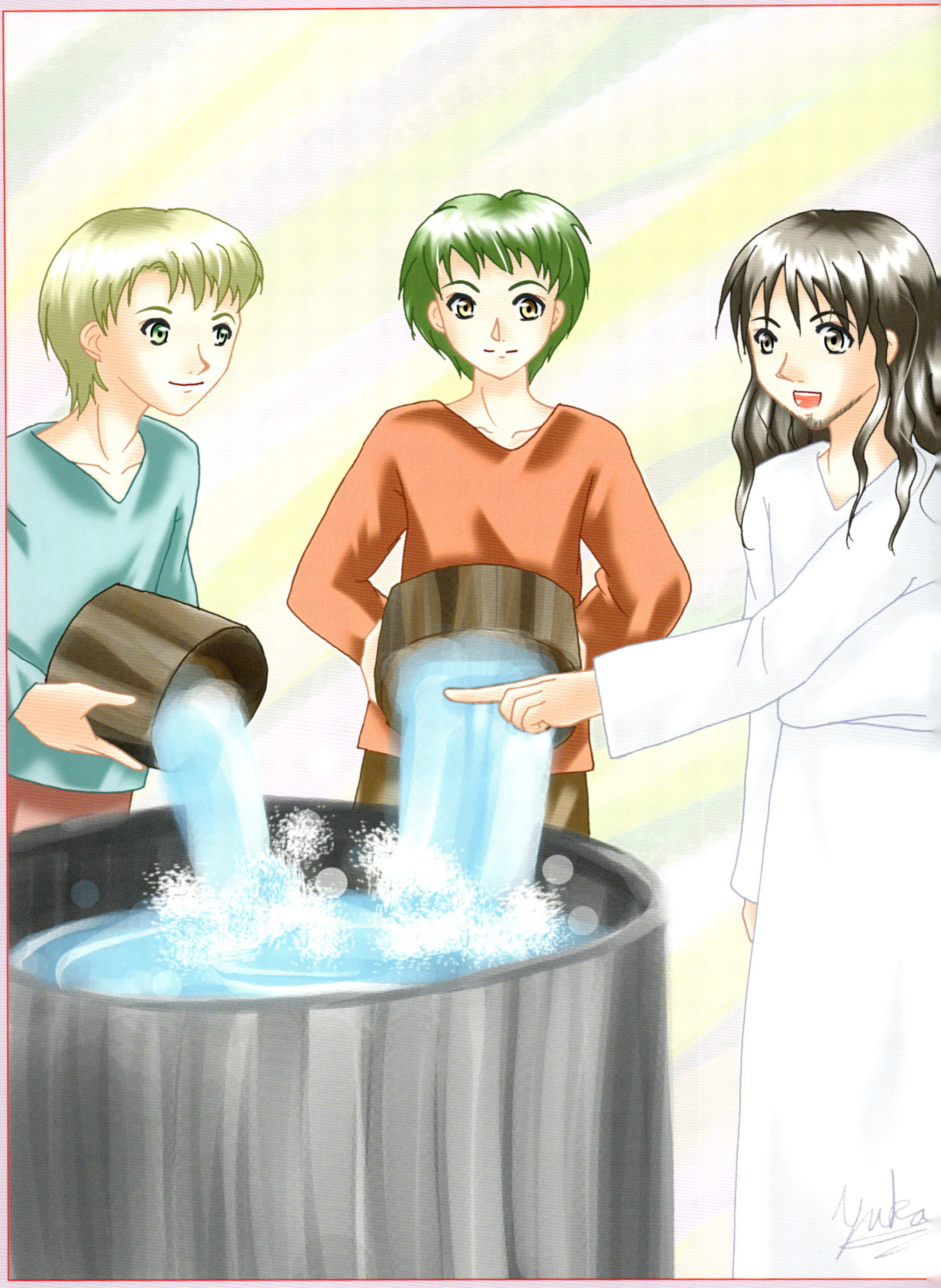
Yuka

nur machen? Das wird noch die ganze Feier verderben." Maria verstand die Sorgen der Diener. „Ich werde meinen Sohn um Rat fragen." Sie eilte an Jesu Tisch und flüsterte: „Sie haben keinen Wein mehr. Kannst du ihnen nicht helfen?" Maria wartete. Doch Jesus blieb am Tisch sitzen und machte erst mal gar nichts.

Trotzdem lief Maria wieder zu den Dienern zurück: „Wenn Jesus kommt, tut alles, was er euch sagt!" Die Diener verstanden nicht, was Maria damit meinte. Aber was sollten sie sonst schon machen? Nach einer kleinen Weile kam Jesus tatsächlich in die Küche. Er zeigte auf sechs große Steinkrüge, die an der Wand standen. „Füllt diese Krüge mit Wasser!" Die Diener gossen die Krüge randvoll. Jesus nickte: „Holt nun den Küchenmeister, der für das Festmahl verantwortlich ist! Ich werde mich wieder zu den Gästen setzen."

Ein Diener lief eilig los und holte den Mann. Er kam, nahm eine Schöpfkelle vom Haken und tauchte sie zögerlich in einen der Wasserkrüge: „Merkwürdig, merkwürdig!", murmelte er. „Warum soll ich denn jetzt Wasser kosten? Ich weiß doch, wie Wasser schmeckt." Er trank ein Schlückchen. „Aber – das ist ja gar kein Wasser. Das ist ja Wein!" Die anderen Diener sahen ihn erstaunt an. Er nahm noch einen Schluck. „Was für ein edles Tröpfchen. Holt schnell den Bräutigam! Also, so was aber auch!" Der Bräutigam kam verärgert in die Küche: „Was holst du mich von meinen Gästen weg?"

„Koste!", antwortete der Küchenmeister und hielt ihm eine volle Schöpfkelle hin. Der Bräutigam kostete und sah ihn verwirrt an. Da musste der Küchenmeister lachen. „Na ja", sagte er, „jeder schenkt seinen Gästen doch erst den guten Wein ein und später den weniger guten. Nun haben wir aber anscheinend das Beste bis zum Schluss aufgehoben." Doch der Bräutigam konnte ihnen auch nicht erklären, wo der gute Wein auf einmal herkam. Verwundert, aber ohne weiter nachzufragen, kehrte er zur Feier zurück. Gleich rief er die Musikanten: „Kommt! Spielt weiter! Wir wollen tanzen." Schon ertönte wieder die Flötenmusik. Die Diener aber blieben in der Küche stehen und sahen sich lange an. Sie wussten, was geschehen war: Sie hatten Wasser in die Krüge gegossen, das nun zu Wein geworden war. Zu sehr edlem Wein. Dieser Jesus hatte ein Wunder vollbracht.

Du fragst dich jetzt vielleicht, wieso kann Jesus so etwas? Konnte er zaubern? Nein, Jesus war kein Zauberer. Dies war das erste Zeichen für die Menschen, dass er im Auftrag Gottes handelte. Und für Gott ist nichts unmöglich. Mit Jesus sollte das Reich Gottes auf Erden beginnen.

In der kommenden Zeit würde Jesus noch viele

wunderbare Dinge tun, die nur mit Gottes Hilfe und mit festem Glauben an ihn möglich waren…

Licht für Bartimäus

Alles, was Bartimäus sehen konnte, war schwarz. Die Sonne schien golden, die Blumen blühten rot und gelb, der Himmel strahlte in seinem schönsten Blau: Aber Bartimäus aus Jericho sah nur Dunkelheit. Er war blind. Da er nicht arbeiten konnte, musste er betteln. So hockte er Tag für Tag am Straßenrand. Und wenn er Schritte hörte, die sich näherten, fragte er nach ein bisschen Geld oder etwas zu essen.

Viele gingen an ihm vorbei, ohne ihn zu beachten. Die Schritte entfernten sich, und Bartimäus blieb allein. Doch eines Tages waren die Geräusche ganz anders als sonst. Die Straße füllte sich mit Menschen. Es wurden immer mehr. Alle riefen durcheinander, und manch einer stolperte sogar über Bartimäus. Bartimäus bekam Angst. „Was ist bloß los?", rief er laut. Rums! – jemand fiel über ihn.

Bartimäus hörte die ärgerliche Stimme eines Mannes. „Was musst du denn hier herumsitzen?", meckerte er und lief eilig weiter. Bartimäus probierte es noch einmal, ganz laut: „Kann mir nicht einer sagen, was hier los ist?" Hastige Schritte, jemand hielt vor ihm an und sagte außer Puste. „Ja, siehst du denn nicht, was

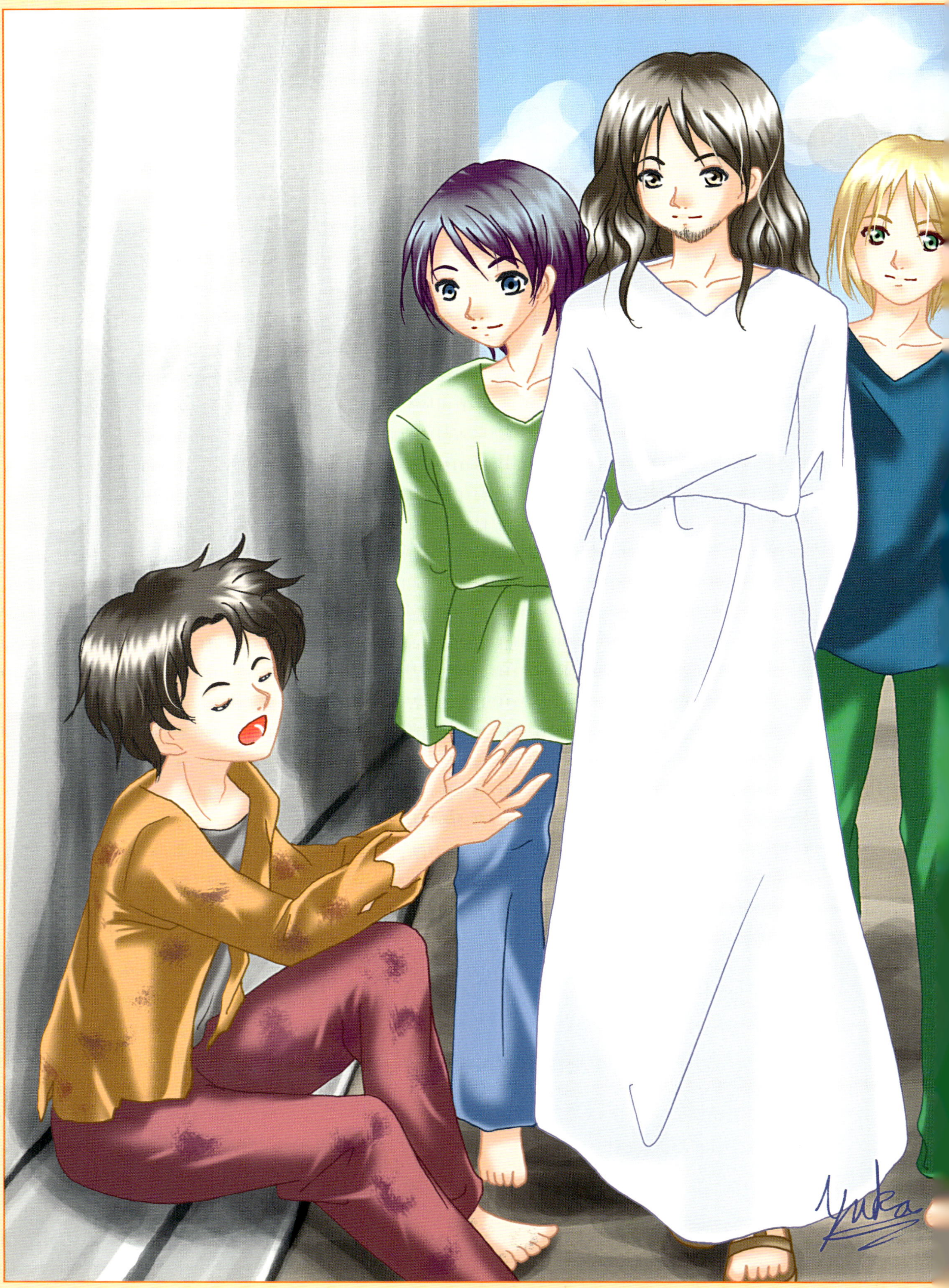
Yuka

hier passiert?! Oh, Entschuldigung. Du bist ja blind! Du musst hier weg, sonst wirst du noch von den vielen Menschen zerquetscht. Du musst jetzt Platz machen, Jesus kommt gleich vorbei." „Jesus von Nazareth?", fragte Bartimäus.

Aber da war der Mann auch schon weitergegangen. Bartimäus hatte schon viel von Jesus und seinen Taten gehört. Sein Herz machte einen kleinen Hüpfer. Bestimmt würde Jesus auch ihm helfen können. Er horchte auf. Inzwischen war es etwas ruhiger geworden. Die Menschen redeten noch durcheinander, aber sie liefen nicht mehr herum. Sie waren stehen geblieben. Bartimäus hatte das Gefühl, dass Jesus jetzt ganz in seiner Nähe war. „Sehen kann er mich bestimmt nicht, wenn ich hier hocke", dachte er traurig. Aber da fiel ihm ein: „Vielleicht kann er mich ja hören."

Also begann er laut zu rufen: „Jesus – hilf mir!" Er wartete gespannt. Nichts. Es war immer noch zu laut. Zu viele andere Leute redeten. Bartimäus rief noch lauter: „Jesus, hab Erbarmen mit mir!" Und er probierte es gleich noch einmal: „Jesus! Hab Erbarmen mit mir! Hilf mir!" In diesem Augenblick wurde es ganz still. Jesus hatte ihn endlich gehört und die Leute mit einer Handbewegung zum Schweigen gebracht.

„Macht bitte Platz, und bringt ihn zu mir!", hörte Bartimäus eine gütige Stimme. Dann spürte er zupackende Hände, die ihm auf die Beine halfen und ihn führten. Und dann zwei warme, weiche Hände, die seine umfassten und hielten. Die Stimme fragte sanft: „Du hast mich gerufen, Bartimäus. Wie soll ich dir helfen?" Bartimäus zitterte vor Aufregung. Ganz leise flüsterte er: „Jesus, ich möchte wieder sehen können. Mach mich gesund."

Da sagte Jesus zu ihm: „Du sollst wieder sehen können. Du hast geglaubt, dass ich dir helfen kann. Und dein Glaube hat dir geholfen." Im selben Augenblick konnte Bartimäus wieder sehen. Er schaute auf den Mann, der vor ihm stand. Außer sich vor Freude umarmte er seinen Retter und jubelte: „Jesus, ich kann dich sehen. Ich kann wieder sehen! Ich kann den Himmel sehen. Ich kann euch alle sehen. Danke!"

Jesus strahlte ihn an. Bartimäus aber hatte noch mehr zu sagen: „Ich will dir folgen, wohin du auch gehst. So lange ich lebe." Jesus umarmte ihn und sagte: „Wunderbar! Ich freue mich sehr, dass du mit mir kommst."

Das Töchterlein des Jaïrus

Die eiligen Schritte des Mannes hallten durch die Straßen von Kafarnaum. Es war früh am Abend. Die Hitze des Tages legte sich wie ein schwerer Schatten auf die Häuser. Die Menschen bewegten sich müßig und langsam. Nur ein Mann nicht: Jaïrus. Er lief, so schnell er konnte, durch die Straßen und rief immerzu: „Kann mir einer sagen, wo Jesus ist?" Die Menschen schüttelten die Köpfe. Es war doch viel zu heiß, um zu rennen!

Ein Bauer hörte ihn schon von Weitem und stellte sich dem Mann in den Weg: „Jaïrus, bleib stehen! Ich kann dir sagen, wo Jesus ist." Jaïrus hielt atemlos an. „Er ist unten am See. Was ist denn los mit dir, du bist ja ganz blass?" Jaïrus schluckte: „Meine Tochter! Sie ist seit einer Woche krank. Jeden Tag wurde es schlimmer – und heute morgen – hat sie noch nicht einmal mehr die Augen öffnen können. Ich fürchte, mein kleines Mädchen stirbt." Der Bauer wollte ihn trösten, aber Jaïrus lief schon weiter. Jaïrus erreichte den See und hielt Ausschau. Da! Er sah Jesus und seine Jünger. Und um sie herum: Massen von Menschen. Jaïrus drängte sich zu Jesus vor und fiel auf die Knie: „Jesus, bitte komm ganz schnell mit mir zu meiner Tochter. Sie wird sterben, wenn du nicht hilfst!"

„Lass uns gleich aufbrechen", sagte Jesus.

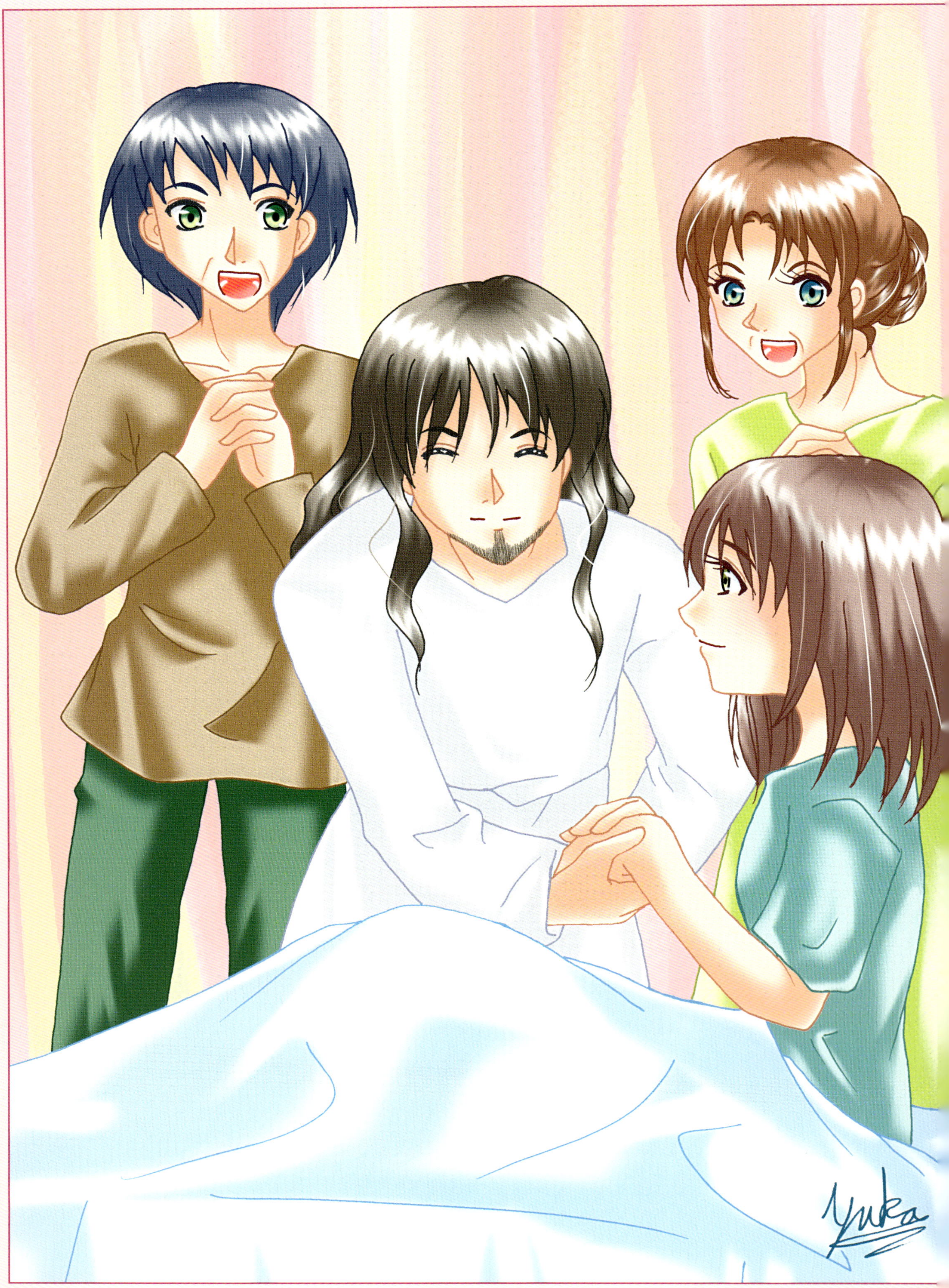
Yuka

Die beiden Männer machten sich auf den Weg zu Jaïrus' Haus. Doch unterwegs kamen immer wieder Menschen auf Jesus zu und baten ihn um Hilfe. Viel zu langsam ging es voran. Jaïrus war außer sich vor Sorge. Würden sie es noch rechtzeitig schaffen? Da sah er, wie einer seiner Diener ihm entgegenkam: „Es ist zu spät, Herr! Deine Tochter ist tot." Jaïrus' Augen füllten sich mit Tränen. Aber Jesus legte seinen Arm um ihn und sprach: „Hab keine Angst, mein Freund. Vertrau mir!" Jaïrus verstand nicht. Vor seinem Haus hatten sich die weinenden Nachbarn versammelt. Jesus sah sie an: „Warum weint und klagt ihr? Das Kind schläft nur."

Die Nachbarn guckten verständnislos. War der Mann verrückt? Sie wussten doch, dass das Mädchen tot war. Das arme Ding, gerade mal zwölf Jahre alt. Jesus achtete nicht auf sie. Er winkte Petrus, Jacobus und Johannes zu. Nur sie sollten mit in das Haus kommen. Zusammen mit den Eltern ging er in den Raum des Mädchens. Blass und leblos lag es auf seinem Bettchen. Jesus trat heran, fasste das Kind an der Hand und sagte zu ihm: „Steh auf, mein Mädchen!"

Sofort setzte sich das Mädchen auf und blickte überrascht seine Eltern und die fremden Männer an. Die Eltern waren starr vor Schreck. Du kannst dir sicher vorstellen, warum. Ihre eben noch tot geglaubte Tochter – wieder lebendig. Glücklich nahmen sie ihr Töchterlein in die Arme.

Jaïrus blickte dankbar zu Jesus herüber: „Oh, Jesus! Danke, danke! Gleich werde ich hinunterlaufen und den Nachbarn alles erzählen. Unser Mädchen lebt." Jesus schüttelte den Kopf: „Nein, Jaïrus! Davon soll niemand erfahren. Erzählt keinem davon. Gebt eurer Tochter jetzt etwas zu essen – das ist wichtiger." Da nahmen die Eltern ihr Kind in den Arm, und sie setzten sich gemütlich in die Küche.

Hilfe für Aaron

Wie jeden Tag lag Aaron auf seinem Bett in seinem kleinen Haus. Die Morgensonne schien durch ein Fenster und fiel auf seine Beine. Aarons Beine waren gelähmt. Nicht den kleinsten Schritt konnte er mit ihnen machen. Darum lag er meistens auf seinem Bett. Zum Glück war Aaron nicht allein. Er hatte vier gute Freunde, die für ihn sorgten, ihm zu essen und zu trinken brachten und ihm halfen, wo sie nur konnten.

An diesem Morgen waren die Freunde sehr aufgeregt. „Aaron, Jesus ist in der Stadt. Hier in Kafarnaum", sagte einer von ihnen. „Wir haben uns überlegt, dass wir alle zusammen zu Jesus gehen – mit dir." „Das ist nett von euch", sagte Aaron, „aber es ist doch zu umständlich, mich den ganzen Weg zu tragen. Geht ohne mich. Erzählt mir hinterher, wie es war." „Nein", sagten die Freunde, „wir werden nicht ohne dich gehen.

Wir bringen dich jetzt zu Jesus. Er wird dir helfen. Los, packt an!" Sie legten ihn auf eine Trage, hoben ihn hoch und liefen so durch die Stadt. Endlich kamen sie zu dem Haus, in dem Jesus war. Aber leider standen schon sehr viele Menschen vor dem Haus. Nicht mal eine winzige Maus hätte durch den Eingang schlüpfen können. Da entdeckten sie eine Treppe an der Seite des Hauses. Sie führte aufs Dach. Und sofort hatten sie eine Idee. „Wenn nicht durch die Tür, dann halt von oben", lachten die Freunde fröhlich. „Wie?", sagte Aaron nervös. „Was meint ihr mit: von oben?" „Wir öffnen das Dach und seilen dich ab", antworteten die Freunde. „Was?", schrie Aaron entsetzt. „Keine Sorge", murmelte einer der Vier, „alles wird gut. Jesus wird dich gesundmachen."

Aaron schlug das Herz bis zum Hals. Was, wenn er beim Abseilen stürzen würde? Die Freunde trugen Aaron die steile Treppe hinauf. Oben angekommen, deckten sie vorsichtig in der Mitte ein Stück vom Dach ab. Sie konnten sehen, wo Jesus stand. Dann ließen sie behutsam die Trage ihres Freundes mit Seilen hinab, bis Aaron genau vor ihm lag.

Ihr könnt euch sicher vorstellen, wie die Leute da geguckt haben. Nur einer war kein bisschen erstaunt: Jesus. Er schaute auf Aaron, er schaute hinauf zu den Freunden. Die sahen ihn hoffnungsvoll an. Im Raum wurde es ganz ruhig.

60

Jesus erkannte, dass die Freunde ganz fest daran glaubten, dass er helfen könnte. Mit sanfter Stimme sagte er: „Aaron, was immer du auch Schlechtes in deinem Leben getan hast: Gott hat es dir vergeben!" Jetzt hätte man eine Stecknadel auf den Boden fallen hören können, denn nun wurde es stiller als still. Da trat ein Schriftgelehrter vor. Er war ein Mann, der sich ziemlich gut mit dem auskannte, was die Menschen bisher über Gott wussten. Zum Beispiel wusste er sehr genau über die Heilige Schrift Bescheid. Deshalb fragte er böse: „Was glaubst du, wer du bist? Nur Gott kann Sünden vergeben." Mit Sünden meinte er alles Schlechte oder Fehler, die jemand macht.

Jesus sah ihn an: „Was meinst du, sagt sich leichter? ‚Deine Sünden sind dir vergeben' oder ‚Steh auf und nimm deine Bahre und geh nach Hause'? Ich will dir etwas sagen: Gott gab mir die Macht, beides zu tun."

Darauf drehte sich Jesus um, ging wieder zu Aaron und reichte ihm die Hand. „Aaron, höre, was ich dir jetzt sage: Steh auf, nimm deine Trage und geh nach Hause!" Aaron hörte die Worte und wusste im gleichen Moment, was passiert war: Er konnte aufstehen! Zuerst war er noch ein bisschen wackelig auf den Beinen. Aber dann ging er strahlend auf Jesus zu und umarmte ihn, so fest er konnte. Seine Freunde auf dem Dach fingen an zu jubeln. Alle, die dabei waren, dankten Gott und sagten: „So etwas haben wir noch nie gesehen."

Aaron bedankte sich bei Jesus. Glücklich wie noch nie in seinem Leben nahm er seine Trage unter den Arm und ging fröhlich mit seinen Freunden nach Hause.

Und der Schriftgelehrte? Na, der kam nun ins Grübeln… Wusste er wirklich alles über Gott? Ihr habt es sicher schon gemerkt. Jesus war für alle da. Für Große und Kleine, für Starke und Schwache. Aber wie war es dann mit den Römern? Mit denen, die Palästina beherrschten? Auch unter ihnen hatte sich herumgesprochen, was Jesus alles tat. Ob Jesus auch für sie da war, davon erzählt folgende Geschichte.

Der Hauptmann von Kafarnaum

In Kafarnaum wohnte ein römischer Hauptmann in einem großen Haus mit vielen Dienern. Eines Tages wurde einer der Diener schwer krank. Der Hauptmann war sehr besorgt, denn mit jedem Tag ging es dem Kranken schlechter. „Was kann ich nur tun? Wie kann ich ihm helfen?", fragte er sich.

Und während er verzweifelt in seinem Haus auf und ab lief, kam einer seiner Männer zu ihm: „Dieser Jesus ist in der Stadt. Die Leute sagen, er kann alle Krankheiten heilen." Der Hauptmann überlegte nicht lange: „Dann lass uns keine Zeit verlieren. Wir gehen zu ihm." Sofort stürmte er aus dem Haus und rannte los.

Auf dem Marktplatz angekommen, sah der Hauptmann viele Menschen beisammenstehen. Inmitten der

Menge erblickte er einen jungen Mann, ganz in Weiß gekleidet. „Das muss Jesus sein", sagte der Hauptmann zu sich selbst. Er bahnte sich einen Weg durch die Menschenmenge. Aber wie sollte er Jesus dazu bringen, mit ihm zu gehen? Plötzlich stand er vor ihm. Aufgeregt sagte er: „Guten Tag, Jesus! Mein Knecht liegt schwer krank zu Haus und hat große Schmerzen und …"

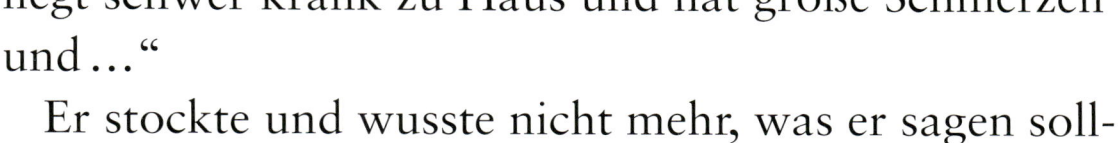

Er stockte und wusste nicht mehr, was er sagen sollte. Aber Jesus lächelte ihn schon freundlich an: „Ich will gern mit dir kommen und ihn gesund machen!"

Nun verschlug es dem Hauptmann erst recht die Sprache. Jesus würde ihm, einem Römer, auf der Stelle helfen! Er spürte, was für ein besonderer Mensch Jesus war. Der Hauptmann schüttelte den Kopf: „Nein, Jesus! Ich bin es nicht wert, dass du mein Haus betrittst. Aber sprich nur ein Wort, dann wird mein Diener wieder gesund!" Jetzt war es Jesus, der überrascht war: Dieser Römer glaubte fest an ihn. Das freute Jesus. Der Hauptmann sprach weiter. „Jesus, ich weiß, was Befehle bedeuten. Ich bin ein Soldat und muss Befehlen gehorchen. Und die Soldaten, die ich kommandiere, müssen mir gehorchen. Wenn ich zu einem sage: Geh!, so geht er, wenn ich sage: Komm!, so kommt er. Und wenn ich zu meinem Diener sage:

Tu das!, so tut er das. Ich weiß, wie mächtig Worte sein können. Darum weiß ich auch: Wenn du befiehlst, dass mein Diener gesund werden soll, dann wird er es."

Da reichte Jesus ihm die Hand. Gleichzeitig sprach er zu den Umstehenden: „Amen, das sage ich euch: Einen solchen Glauben habe ich in ganz Israel noch nicht gefunden. Dieser Römer glaubt wirklich. Geh nach Hause, Hauptmann! Es soll so geschehen, wie du geglaubt hast." Als der Hauptmann nach Hause kam, war sein Diener wieder wohlauf. Nur durch ein Wort von Jesus war der Kranke in derselben Stunde gesund geworden.

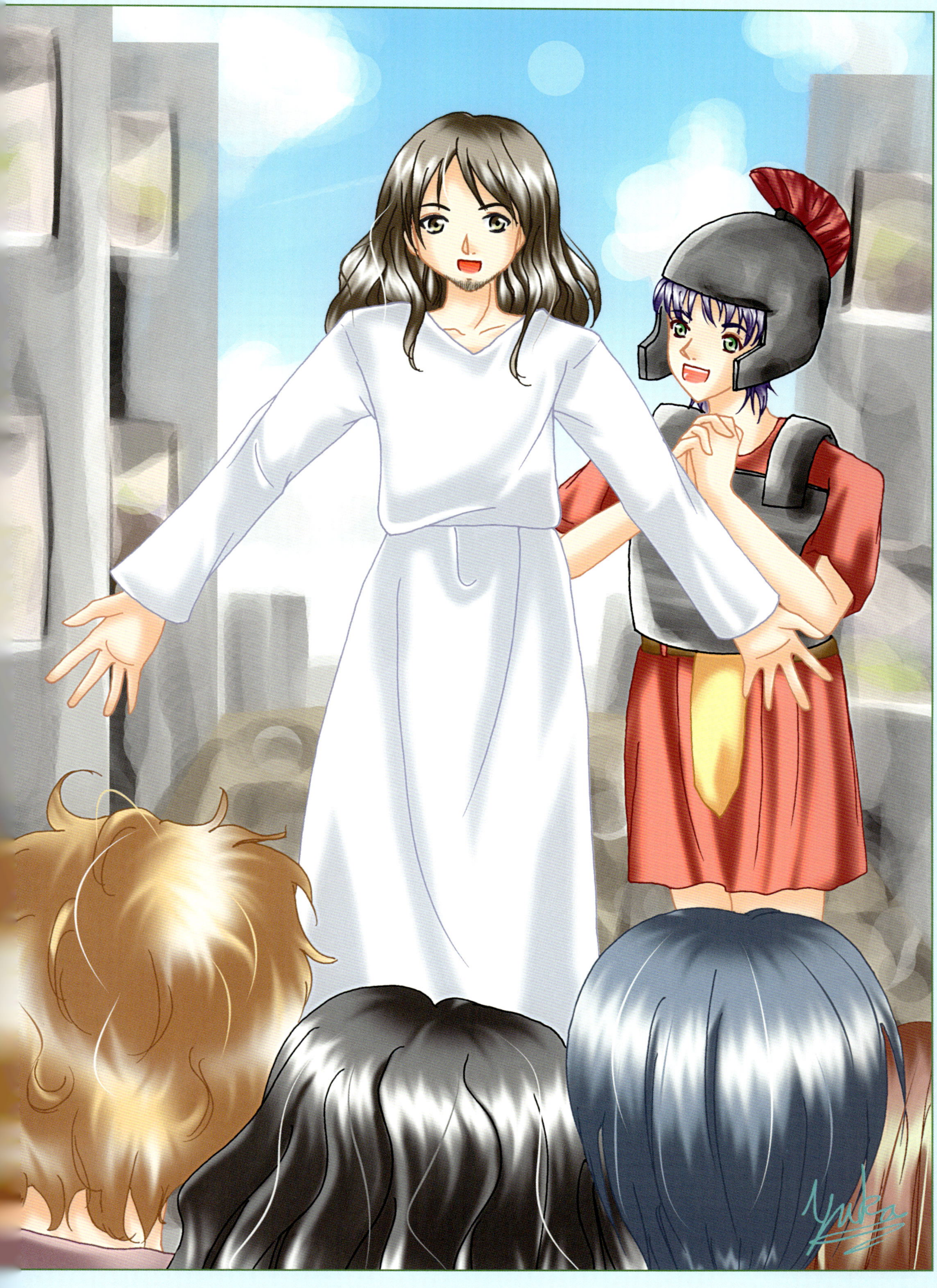

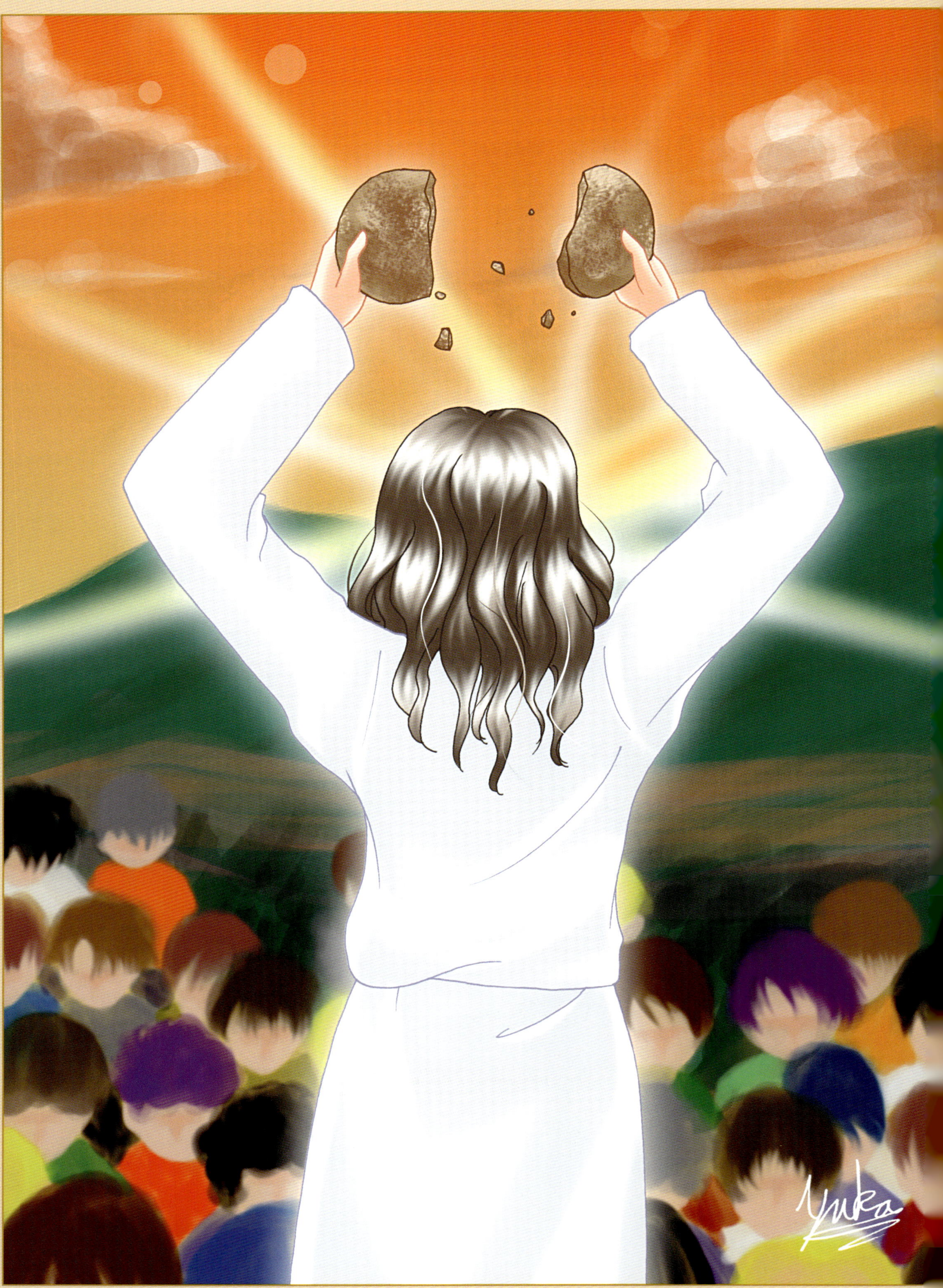
Yuka

Ein Wunder für Fünftausend

Was für ein schöner Tag! Die Sonne glitzerte auf dem Wasser des Sees, und kleine Wellen schlugen ans Ufer. Jesus und seine Freunde waren zum See gekommen, um sich auszuruhen. Einige setzten sich hin, andere streckten sich aus. Aber wie immer blieben sie nicht lange allein. Die Menschen folgten ihnen auch hierhin. Denn alle wollten Jesus einmal sehen. Und es kamen immer mehr: An diesem Nachmittag waren es Fünftausend. Kannst du dir das vorstellen? Fünftausend Menschen, die friedlich beieinander saßen. Jesus ging zwischen ihnen herum. Er erzählte ihnen von Gott. Er hörte sich ihre Sorgen an und heilte die Kranken.

Als es Abend wurde, kam Andreas zu Jesus: „Jesus, es ist schon spät. Schick die Leute nach Hause. Dann können sie sich auf dem Heimweg noch etwas zu essen kaufen. Hier gibt es weit und breit nichts." „Gebt ihr ihnen doch etwas zu essen!", erwiderte Jesus. Andreas schüttelte den Kopf: „Das bisschen Geld, das wir dabeihaben, reicht niemals. Es sind fünftausend Menschen. Sie müssen jetzt nach Hause gehen. Wir haben nichts."

Aber Jesus blieb dabei: „Nein, Andreas. Geh und sieh nach, was zum Essen da ist." Andreas rief Philippus: „Hilf mir. Wir wollen gucken, was wir zum Essen auftreiben können." Langsam gingen sie durch die Menge und fragten herum, aber niemand hatte etwas bei sich. Nicht das kleinste Krümelchen Brot. Mitten in dem Getümmel zupfte plötzlich ein kleiner Junge Philippus am Ärmel: „Du, hör mal!" Philippus schaute hinunter: „Wer bist du denn?" „Ich bin Daniel", antwortete der Junge. „Ich kann euch helfen. Meine Mama sagt, ihr könnt gern alles haben, was in unserem Korb ist." Philippus und Andreas sahen in den Korb des kleinen Jungen: Da lagen fünf Brote und zwei Fische.

„Nu was!", lachte Andreas, „das ist immerhin ein Anfang. Danke. Das ist sehr lieb von dir. Komm mit!" Daniel und die beiden Jünger brachten den Korb zu Jesus. „Schau, der kleine Daniel hier hat alles hergegeben, was er hat, und will es mit den anderen teilen. Aber, es wird wohl wenig nützen."

„Keine Sorge, Andreas! Sagt den Leuten, sie sollen sich in Gruppen zusammensetzen", erwiderte Jesus. Er strich dem Jungen über den Kopf und lobte ihn: „Vielen Dank, dass du uns von deinem Essen abgeben willst. Das ist wirklich sehr nett von dir." Daniel war furchtbar stolz und wurde ein bisschen rot. Aber er ließ Jesus nicht aus den Augen. Wie wollte Jesus mit dem bisschen so viele Leute satt machen?

Jesus nahm die fünf Brote und die zwei Fische und blickte zum Himmel auf. Er dankte Gott und brach das Brot in

Stücke. Dann gab er sie den Jüngern, sie machten es ihm nach. Und siehe da: Er und seine Jünger konnten das Brot und die Fische immer und immer wieder teilen. Sie ließen sich in ganz viele Stücke brechen. Jeder, der da war, bekam ein Stück Brot und ein Stück Fisch. Es wurde ein richtig tolles Picknick. Alle aßen, und alle wurden satt. Es blieben sogar noch zwölf Körbe voll Brot übrig. Der kleine Daniel zwickte sich selbst in den Arm. Wie war das nur möglich?

Im Sturm

Eines Abends erreichten Jesus und seine Jünger das Ufer des Sees Genezareth. Sie waren viele Stunden gewandert und müde. Trotzdem wollten sie den See noch am gleichen Abend in einem Boot überqueren. Sie schauten auf das Wasser. Da lag ja noch einiges vor ihnen! Der See war so riesig, man konnte nicht einmal das Ufer gegenüber sehen. Sie bestiegen das Boot. Während der Fahrt schlief Jesus ein. Es war ein anstrengender Tag gewesen.

Plötzlich wurde es stockdunkel. Blitze zuckten in der Ferne. Ein heftiger Windstoß peitschte die Wellen. Die Jünger mussten kräftig mit den Rudern gegenhalten.

„Ich fürchte, es kommt Sturm auf", sagte Jacobus.

„Oh nein, bitte nicht!", stöhnte Johannes. Kaum hatte er das gesagt, brach über dem See ein Wirbelsturm los. Sie mussten die Ruder aus dem Wasser nehmen. Die Wellen hätten sie ihnen sonst sofort aus den Händen gerissen. Lenken konnten sie auch nicht mehr. Das Boot wurde vom Wind und von den hohen Wellen hin- und hergeschleudert. Die Jünger klammerten sich an die Bordwand und hielten sich aneinander fest.

„Wir werden untergehen! Hilfe!", brüllte Andreas verzweifelt. Sie bekamen große Angst. „JESUS – JESUS! Wach auf!", schrie Johannes und rüttelte an ihm. „Wir werden ertrinken!" Jesus war sofort wach. Mit einem Satz war er auf den Beinen. Mit erhobener Hand drohte er dem Wind und dem Wasser. Augenblicklich legte sich der Sturm, und die hohen Wellen verschwanden. Sachte schaukelte das Boot wieder auf dem See. Als wäre nichts gewesen. Jesus schaute seine Jünger an und fragte: „Wo war denn nur euer Glaube? Ihr braucht doch keine Angst zu haben. Gott ist immer bei euch."

Sie sahen einander erstaunt an: Jesus konnte sogar über den Wind und das Wasser befehlen. Mühelos erreichten sie das andere Ufer. Von nun an wollten sie wie Jesus ganz fest auf Gott vertrauen: auch im schlimmsten Sturm.

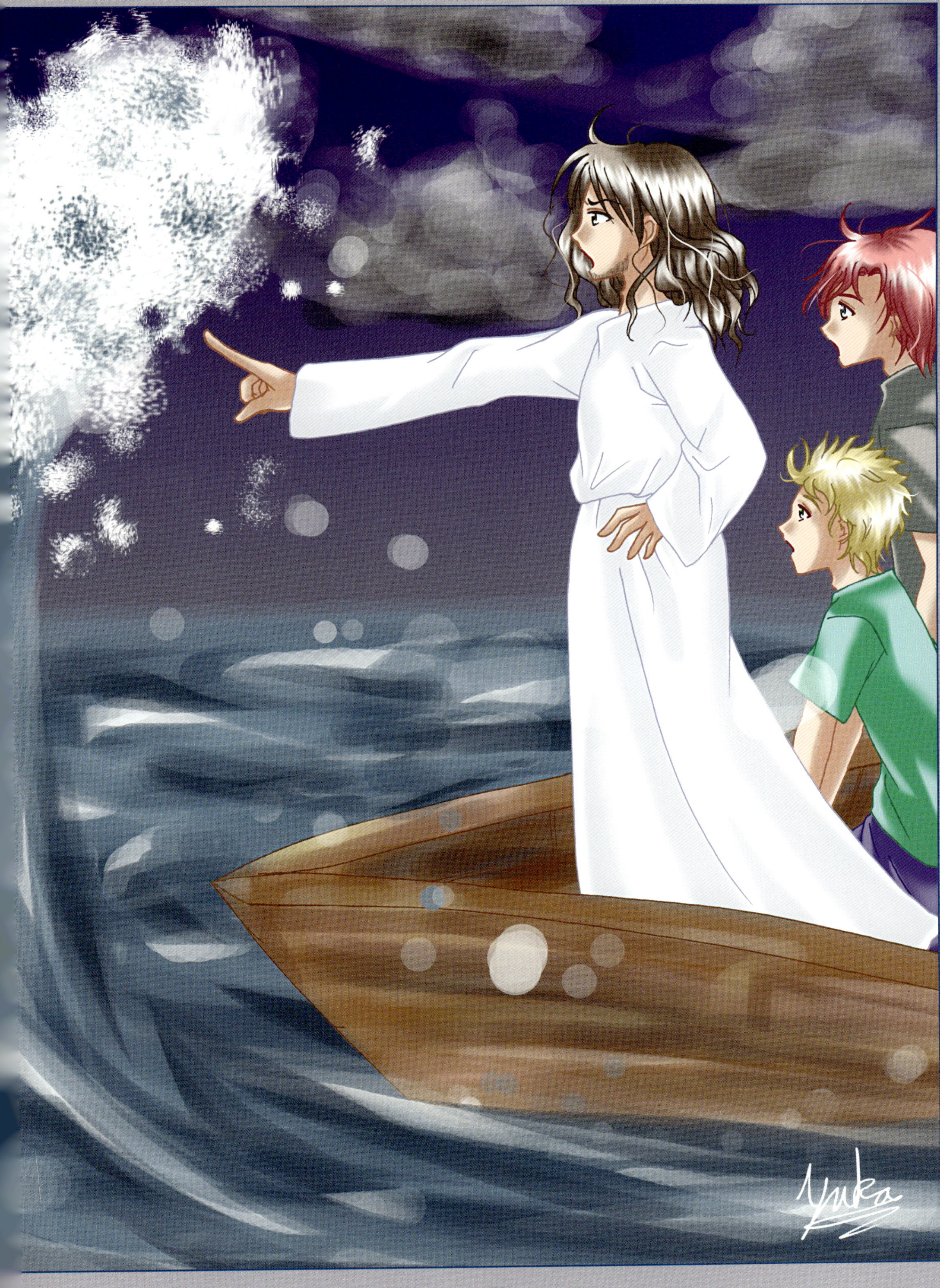
Yuka

Die Bergpredigt:
Jesus sagt den Menschen, worauf es ankommt

Ein kleiner grüner Vogel hüpfte aufgeregt durch die Äste eines Baumes. Er zwitscherte laut. So viele Menschen hatte er auf diesem Berg noch nie gesehen.

Ihr könnt euch schon denken, warum der Berg voller Menschen war. Jesus und seine Jünger waren da. Und alle warteten geduldig darauf, dass Jesus zu ihnen sprach. Sie hatten es sich auf dem Boden gemütlich gemacht. Die Sonne schien warm auf ihre Köpfe, und um sie herum blühten überall Blumen. Dann war es so weit. Jesus stand auf, schaute freundlich in die Runde und fing an zu sprechen.

„Es ist wichtig, dass ihr gut zueinander seid. Wenn ihr Streit mit einem Menschen habt, dann geht zu ihm und vertragt euch mit ihm. Wenn euch jemand schlägt, dann schlagt nicht zurück. Wenn euch jemand um etwas bittet, dann gebt es ihm und schickt ihn nicht weg.

Habt auch eure Feinde lieb. Gott lässt seine Sonne auf Menschen scheinen, die ehrlich sind, und auf solche, die Unrecht tun. Es ist nichts Besonderes, seinen Freund zu lieben, das kann jeder. Aber ihr, ihr seid Gottes Kinder. Und darum sollt ihr alle Menschen lieben. So wie Gott im Himmel alle Menschen liebt.

Ganz gleich, ob sie gut oder böse sind. Ich weiß, dass ihr euch viele Sorgen macht: Woher sollen wir Geld bekommen? Wovon sollen wir uns Kleider kaufen? Den Kindern etwas zu essen geben?

Seht ihr den kleinen Vogel, der da im Baum sitzt? Er hat keine Arbeit. Er pflanzt nichts an. Und doch hat er alles, was er braucht. Gott im Himmel gibt ihm jeden Tag zu essen. Seht euch die bunten Blumen an: Wenn Gott schon die Blumen so wunderschön geschaffen hat, wie viel mehr wird er dann für euch sorgen? Gott weiß doch, dass ihr Kleidung und Essen haben müsst. Vertraut darauf: Er wird euch alles geben, was ihr zum Leben braucht. Denkt nicht schlecht über andere Menschen, nur weil sie anders sind als ihr oder mal etwas falsch machen. Euch fällt nur auf, wenn jemand einen kleinen Splitter im Auge hat. Aber ist euch noch nie die Idee gekommen, dass ihr selbst manchmal ein riesiges Brett vorm Kopf habt? Schaut erst mal, wie ihr eure eigenen Fehler loswerden könnt, dann erst könnt ihr anderen helfen, ihre loszuwerden." Alle schwiegen und dachten nach. Da meldete sich der Jünger Andreas zu

Wort. „Jesus, ich weiß nicht recht, wie ich mit Gott sprechen soll." Jesus nickte bedächtig: „Wenn ihr zu Gott betet, dann sollt ihr nicht viele Worte machen. Euer Vater im Himmel weiß schon, was ihr braucht, bevor ihr ihn darum bittet. Sprecht so:

Vater unser im Himmel,
geheiligt werde Dein Name.
Dein Reich komme. Dein Wille geschehe,
wie im Himmel so auf Erden.
Unser tägliches Brot gib uns heute.
Und vergib uns unsere Schuld,
wie auch wir vergeben unseren Schuldigern.
Und führe uns nicht in Versuchung,
sondern erlöse uns von dem Bösen.

Er schwieg kurz. Dann sagte er: „Vergebt den Menschen, was sie euch Böses getan haben. Dann wird euer himmlischer Vater euch ebenso verzeihen, was ihr falsch gemacht habt."

Langsam verstanden die Menschen. Andreas hatte das Gebet besonders gut gefallen: „Das ist ein schönes Gebet. Aber hört Gott wirklich auf das Bitten eines einfachen Mannes? Ich bin doch nur ein Fischer! Hat Gott nicht Wichtigeres zu tun?"

Jesus lächelte wieder: „Für Gott ist jeder gleich wichtig. Stell es dir so vor: Eines Abends bekommst du Besuch, und du merkst: ‚Oh weh, ich kann ihm nichts zu essen anbieten. Ich habe kein Brot mehr.' Dann wirst du zu einem Freund gehen. Du wirst klopfen und rufen: ‚Hallo! Hör mal! Ich habe nichts mehr zu essen im Haus. Gib mir drei Brote!' Glaubst du etwa, der Freund drinnen im Haus wird rufen: ‚Geh weg! Ich schlafe schon. Mach, dass du fortkommst'? Das wird er nicht. Er wird dir die Brote geben. Vielleicht wird er es tun, weil ihr so gute Freunde seid. Vielleicht aber auch nur, weil du ihn so sehr darum bittest. Aber helfen wird er dir in jedem Fall. Gott ist euer Vater im Himmel, und er wird denen Gutes geben, die ihn bitten." Andreas verstand nun: Wenn man sich an Gott wendet, ist er für einen da. Überall auf der Welt beten Menschen bis heute das Vaterunser, das einzige Gebet, das Jesus selbst die Menschen gelehrt hat.

Die Heilung einer Frau am Sabbat

Es geschah an einem ganz besonderen Tag der Woche: am Sabbat. Der Sabbat ist für die Juden das, was bei uns der Sonntag ist – ein Tag in der Woche, der anders sein soll als die anderen Tage. Die meisten Geschäfte sind geschlossen, und viele haben frei. Für den Sabbattag der Juden galten besonders strenge Regeln: Auf keinen Fall durfte man arbeiten, alles sollte ruhen. Dieser Tag sollte nur für Gott da sein. Deshalb ging man auch am Sabbat in die Synagoge. Eine Synagoge ist ein jüdisches Gebetshaus.

Und so war es auch an diesem Sabbat. Jesus war in einer Synagoge und erzählte den Zuhörern von Gott. Auch der kleine Daniel war dabei. Jesus wollte gerade etwas erklären, da öffnete sich laut knarrend die Tür. Eine Frau kam tief gebeugt und langsam schlurfend hinein. Daniel drückte sich ängstlich an seine Mutter und flüsterte: „Mami, guck mal! Die Frau hab ich gestern schon auf der Straße gesehen. Die hat ja einen ganz krummen Rücken und kann den Kopf gar nicht nach oben machen. Was hat sie?"

„Sei still, Daniel!", antwortete die Mutter, „sie ist von einem bösen Geist besessen." Du findest das jetzt sicher gemein: Da kommt eine arme Kranke, und die Leute sagen sofort: „Die ist vom bösen Geist besessen." Oder: „Die hat etwas Böses gemacht." Aber damals glaubten viele Menschen das. Sie waren sich sicher: Gott straft böse Menschen mit Krankheiten, am besten man geht solchen Leuten aus dem Weg.

Jesus war egal, was die anderen dachten. Er sah, dass die Frau große Schmerzen hatte. „Friede sei mit dir!", begrüßte er sie. „Bleib nicht dahinten stehen, komm zu mir!" Der Synagogenvorsteher wurde unruhig. Er war derjenige, der in der Synagoge das Sagen hatte. Leise murmelte er: „Was hat Jesus jetzt schon wieder vor?"

Die arme Frau ging langsam mit kleinen Schritten durch den Raum. Schließlich stand sie direkt vor Jesus. Niemand sprach ein Wort. Jesus beugte sich vor. Er legte ihr seine Hände auf den Kopf und sagte sanft: „Du bist von deinen Leiden erlöst!" Einen Moment lang geschah nichts. Dann begann die Frau sich aufzurichten. Ganz vorsichtig hob sie den Kopf und streckte ihren Rücken.

Da hielt es den kleinen Daniel nicht mehr: „Mama, schau! Sie steht gerade! Mama, sieh doch, wie sie Jesus anstrahlt." „Psst, Daniel!", flüsterte seine Mutter, „setz dich wieder, die Frau will etwas sagen."

„Gepriesen sei Gott, der Herr! 18 Jahre lang habe ich gelitten. Du hast mich von meinem Elend befreit. Gelobt sei Gott!"

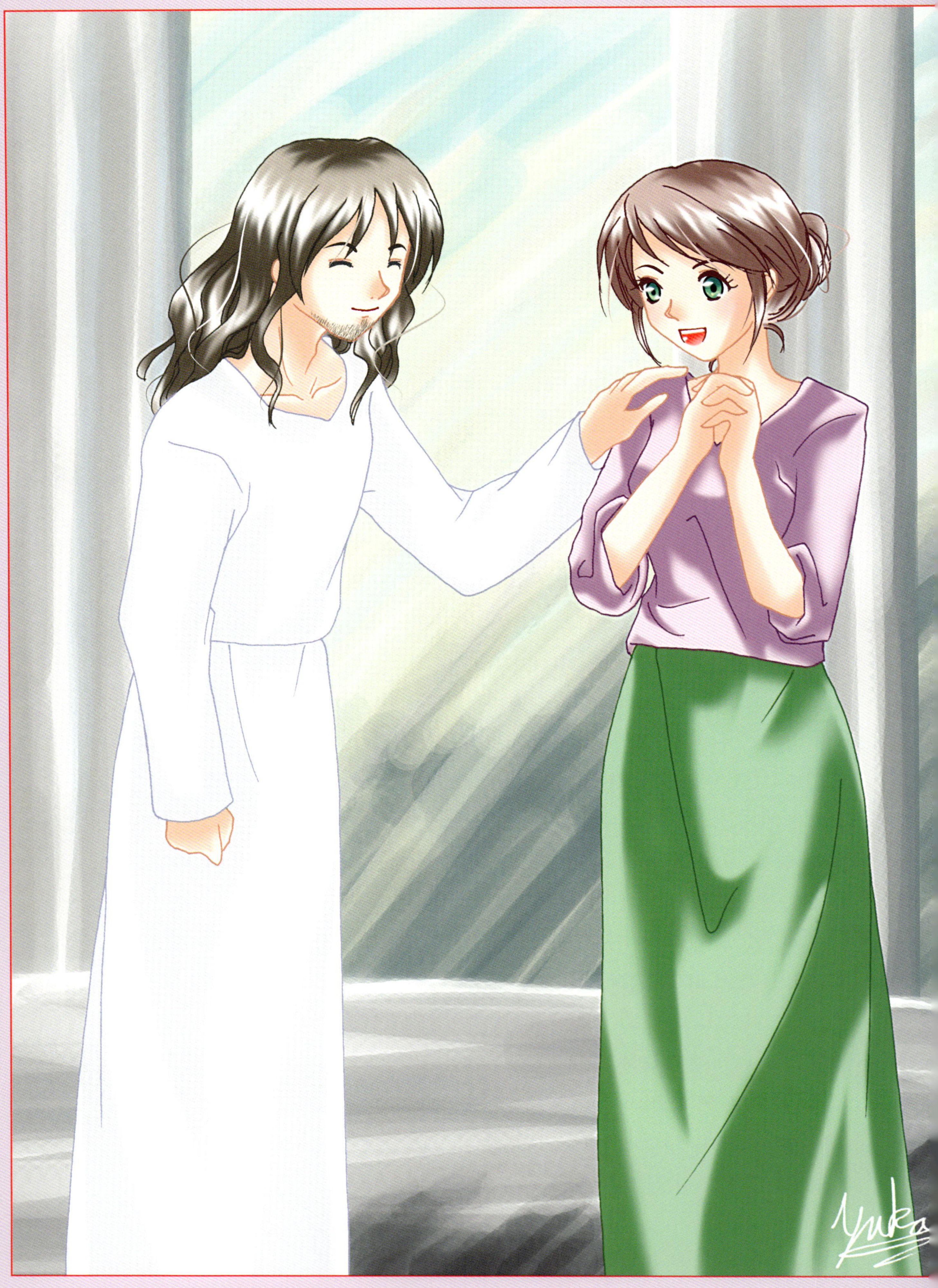
Yuka

Kaum waren die Worte ausgesprochen, kam der Synagogenvorsteher mit wütenden Schritten herbei:

„So, jetzt reicht's mir aber! Gott hat der Woche sechs Tage gegeben, um zu arbeiten. Aber einen Tag, den SABBAT, den gab er uns, um zu ruhen und zu beten. Er selbst hat die Welt in sechs Tagen geschaffen und sich am siebten ausgeruht. Und was tust du? Brichst einfach so die Gesetze. Brichst die Sabbatruhe." Er tat einen Schritt auf die Frau zu und brüllte: „Kommt an anderen Tagen, wenn ihr euch heilen lassen wollt! Aber nicht am Sabbat!"

Nun war Jesus aber auch zornig geworden. Er stellte sich vor die verängstigte Frau. Streng blickte er den Synagogenvorsteher an und sagte: „Was bist du doch für ein Heuchler! Wenn dein Esel am Sabbat Durst hat, bindest du ihn dann nicht los und lässt ihn trinken? Sieh dir diese arme Frau an. Findest du nicht, dass sie viel mehr wert ist als deine Tiere? Seit Jahren ist sie krank. Und ich soll sie nicht am Sabbat davon befreien dürfen?" Da schwieg der Synagogenvorsteher. Er wusste nicht, was er sagen sollte. Wie peinlich! Ihn so vor all den Leuten zurechtzuweisen und zu blamieren!

Die Zuhörer jedoch freuten sich über die große Tat, die Jesus vollbracht hatte, und jubelten. Auch der kleine Daniel war begeistert.

Lasset die Kinder zu mir kommen

Eines Nachmittags saßen die Jünger mit Jesus zusammen auf einem kleinen Hügel. Jesus sah einen kleinen Stein lustig in der Sonne glitzern. Er hob ihn auf und ließ ihn durch seine Hände gleiten. Die Jünger redeten gerade eifrig miteinander. Da wandte sich Matthäus an ihn. „Jesus", fragte er, „wer wird im Himmelreich der Größte sein?"

Jesus schmunzelte und ließ den Stein in seiner Hand kullern. Gerade wollte er antworten, da war plötzlich lautes, fröhliches Kindergeschrei zu hören.

Matthäus schaute zum Weg hinunter. Ärgerlich brummte er: „Was ist das für ein Lärm? Also – sieh mal, Jacobus, wo kommen die da alle her?" Er zeigte auf eine große Gruppe von Frauen und Kindern. Ganz offensichtlich wollten sie den Hügel hinaufkommen. Jacobus schüttelte verständnislos den Kopf: „Schreiende Kinder, das hat uns gerade noch gefehlt. Die dürfen doch nicht einfach Männer im Gespräch stören, tz, tz, tz!"

Als die Frauen mit ihren Kindern schon ganz nah waren, schnauzte Jacobus ärgerlich: „Was wollt ihr? Wie könnt ihr so viele Kinder hierher mitbringen?"

Das war nun wirklich sehr unfreundlich. Eine Frau trat aus der Gruppe hervor und murmelte schüchtern:

81

„Wir möchten, dass Jesus unsere Kinder segnet."
Johannes ließ die Frau kaum ausreden: „Du willst Jesus stören? Nichts da! Geht nach Hause!" Doch die Frauen rührten sich nicht. „Hört ihr nicht?", wiederholte Jacobus. Jesus hatte alles mit angesehen, ohne sich einzumischen. Jetzt aber stand er auf: „Natürlich können die Kinder zu mir kommen." Die Jünger schauten Jesus verständnislos an: „Ja, aber Jesus, das sind doch nur Kinder, die Krach und Dreck machen. Die sollen irgendwo spielen gehen."

Jesus holte tief Luft: „Hört gut zu, Brüder! Ihr wollt wissen, wer im Himmelreich der Größte sein wird? Es sind die Kinder. Nur wer sich am Reich des Vaters freuen kann wie ein Kind, der wird auch hineinkommen. Ihr müsst lernen, wieder zu werden wie sie: voll Vertrauen und voller Glauben." Er wandte sich an die Kinder und winkte sie zu sich heran: „Kommt zu mir. Ich will euch gern segnen." Er setzte sich mit ihnen auf die Wiese. Jesus sprach mit den Kindern, legte ihnen seine Hände auf den Kopf und segnete sie. Zum Abschied schenkte er einem Kind den silbern glitzernden Stein.

Ein Reicher stellt eine Frage

Jesus und seine Jünger wollten sich gerade wieder auf den Weg machen, da hörten sie jemanden rufen: „Wartet bitte!" Sie sahen sich um. Ein Mann kam auf sie zu. Er war in kostbare Gewänder gekleidet und schritt stolz den Hügel hinauf. Thaddäus flüsterte: „Guckt mal! Wie der aussieht, sein Haar, sein Mantel, seine Sandalen! Der muss ja sehr reich sein."

„Schsch! Er könnte euch hören", ermahnte Johannes die anderen. Der Mann kam heran. Er blieb einen Schritt vor Jesus stehen und verneigte sich ehrfürchtig. „Seid gegrüßt! Darf ich kurz stören? Ich bin froh, euch zu treffen. Kann ich euch eine Frage stellen?"

„Gern, geh doch einfach ein paar Schritte mit uns!", antwortete Jesus. „Guter Meister, was muss ich tun, um das ewige Leben zu gewinnen?", fragte der Mann. Jesus schüttelte kaum merklich den Kopf: „Warum nennst du mich gut? Niemand ist gut außer Gott, dem Einen." Trotzdem sprach er weiter: „Du kennst doch die Gebote?"

Thomas flüsterte zu Bartholomäus: „Also, die weiß er bestimmt. Jeder fromme Mann kennt doch unsere 613 Gebote. Oder wenigstens die Zehn Gebote, die uns Moses brachte!" Moses, von dem Thomas sprach, war vor vielen Jahrhunderten auf den Berg Sinai gestiegen und hatte dort von Gott die Zehn Gebote erhalten. Gott wollte, dass die Menschen wussten, was ihm am wichtigsten war. Noch bevor der reiche Mann antworten konnte, zählte Jesus sie ihm geduldig auf:

1. Du sollst Gott lieben mit ganzem Herzen, mit ganzer Seele und mit all deinen Gedanken.
2. Du sollst keine anderen Götter neben ihm haben.
3. Du sollst nicht schlecht über Gott reden.
4. An sechs Tagen in der Woche darfst du arbeiten, am siebten Tag, dem Sabbat, sollst du dich ausruhen. So wie Gott die Erde an sechs Tagen geschaffen und am siebten geruht hat.
5. Du sollst deinen Vater und deine Mutter ehren.
6. Du sollst nicht töten.
7. Du sollst in der Ehe treu und zuverlässig sein.
8. Du sollst nicht stehlen.
9. Du sollst nicht lügen.
10. Du sollst nicht neidisch sein und das haben wollen, was einem anderen gehört.

Bei jedem Gebot hatte der Mann eifrig genickt. Jetzt sagte er erleichtert: „Ach, wie gut! Diese Gebote habe ich immer alle befolgt." „Das ist schön", lächelte Jesus und klopfte dem Mann auf die Schulter. „Dann fehlt dir nur noch eines…" Der Mann sah Jesus gespannt an. „Verkaufe alles, was du hast. Gib das Geld den Armen und folge mir nach."

Der Mann wurde sehr traurig, denn er war überaus reich. Er öffnete den Mund und holte tief Luft. Es sah aus, als ob er etwas sagen wollte, aber er bekam

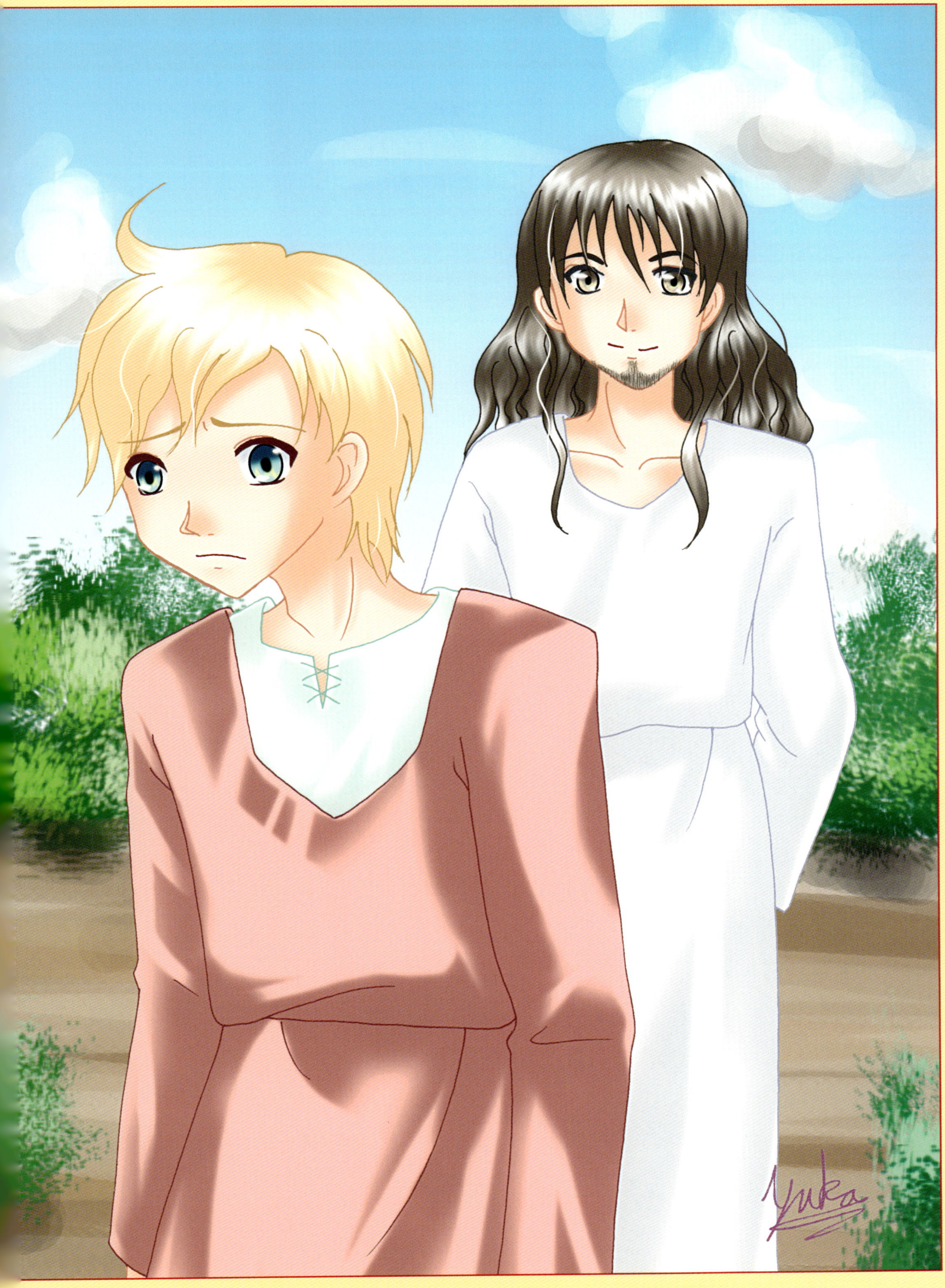
Yuka

keinen Ton heraus. Stattdessen blickte er Jesus verwundert an. Dann drehte er sich um und ging, ohne ein Wort zu sagen, fort. Jesus blickte ihm hinterher und nickte nachdenklich mit dem Kopf: „Wie schwer ist es für Menschen, die viel besitzen, ins Reich Gottes zu kommen. Denn eher geht ein Kamel durch ein Nadelöhr, als dass ein Reicher ins Himmelreich kommt."

Die Jünger aber schwiegen. Sie hatten alles hinter sich gelassen und waren Jesus gefolgt.

Auf dem Wasser

Jesus hatte den Tag mit vielen Menschen am See verbracht. Nun war es Abend geworden. Das weiche Licht des Mondes spiegelte sich im Wasser. Jesus wollte jetzt die Leute nach Hause schicken. Er war müde und sehnte sich nach Ruhe. Deshalb sagte er zu seinen Jüngern: „Fahrt ihr schon voraus an das andere Ufer! Ich will mich noch von allen verabschieden." Das tat er. Danach stieg er auf einen nahe gelegenen Berg. Er wollte allein sein und beten.

Derweil ruderten die Jünger auf den See hinaus. Wind kam auf, die Wellen wurden stärker und rüttelten das Boot heftig hin und her. Wenn man nachts auf dem Wasser ist, braucht man eine Wache. Die muss aufpassen, dass dem Boot nichts passiert. Damit es nicht gegen ein anderes Boot fährt oder sogar in eine völlig falsche Richtung ... Damals gab es ja noch keine Scheinwerfer. An diesem Abend wechselten sich die Jünger mit der Wache ab. Um Mitternacht war Petrus an der Reihe. Er stand vorn und hielt Ausschau nach anderen Booten, die noch fischten. Es ging nur langsam voran, denn sie hatten heftigen Gegenwind. Petrus konnte kaum stehen, so kräftig zerrte der Wind an ihm. Er rief den anderen zu: „Rudert ihr wirklich? Wir kommen ja fast gar nicht voran!"

Andreas wischte sich den Schweiß von der Stirn: „Du hast gut reden, Petrus!" Petrus drehte sich zu ihm um und sah nun, wie schwer das Rudern bei den hohen Wellen war. Er sagte zu Andreas: „Komm, wir tauschen." Andreas erhob sich dankbar. Gerade wollte er das Ruder übergeben, da schrie Petrus plötzlich auf: „Brüder, da – da vorn… seht ihr das?" In diesem Moment sahen es die anderen auch: Ein Licht kam auf sie zu. Es kam näher und näher. Und da war noch etwas. In dem hellen Licht bewegte sich jemand. Sie trauten ihren Augen kaum: Da lief ein Mann über das Wasser! Er kam direkt auf sie zu.

„Ist – ist – das ein Gespenst?", stotterte Johannes starr vor Schreck. Sie rückten voller Angst eng aneinander. Die Gestalt war jetzt noch näher gekommen. Keiner der Jünger rührte sich.

Der Mann auf dem Wasser hob die Hände vor den Mund, formte sie zu einem Trichter und rief: „Fürchtet euch nicht! Ich bin es doch." Petrus erkannte nun den Mann und atmete erleichtert auf. „Jesus! Es ist Jesus!", rief er. Die anderen Jünger waren immer noch sprachlos.

Doch Petrus war ganz begeistert. „Jesus, kann ich auch zu dir aufs Wasser kommen?" „Ja, Petrus, komm!" antwortete Jesus. Da setzte Petrus vorsichtig erst den einen Fuß auf das Wasser, dann den anderen. Tatsächlich – das Wasser trug auch ihn. Schritt für Schritt ging er auf Jesus zu. Wellen umspülten seine Füße. Er lief weiter. Die Wellen wurden höher. Nun bekam Petrus doch Angst. Im gleichen Moment begann er zu sinken. Entsetzt schrie er: „Jesus, Jesus – rette mich!" Sofort war Jesus zur Stelle. Er fasste Petrus' Hand und zog ihn wieder nach oben. „Petrus, warum hast du gezweifelt? Weißt du denn nicht, dass du mir vertrauen kannst?"

Gemeinsam gingen sie zum Boot zurück. Die anderen Jünger schauten sich an. Und jeder von ihnen wusste in seinem Herzen: Wahrhaftig – das ist Gottes Sohn!

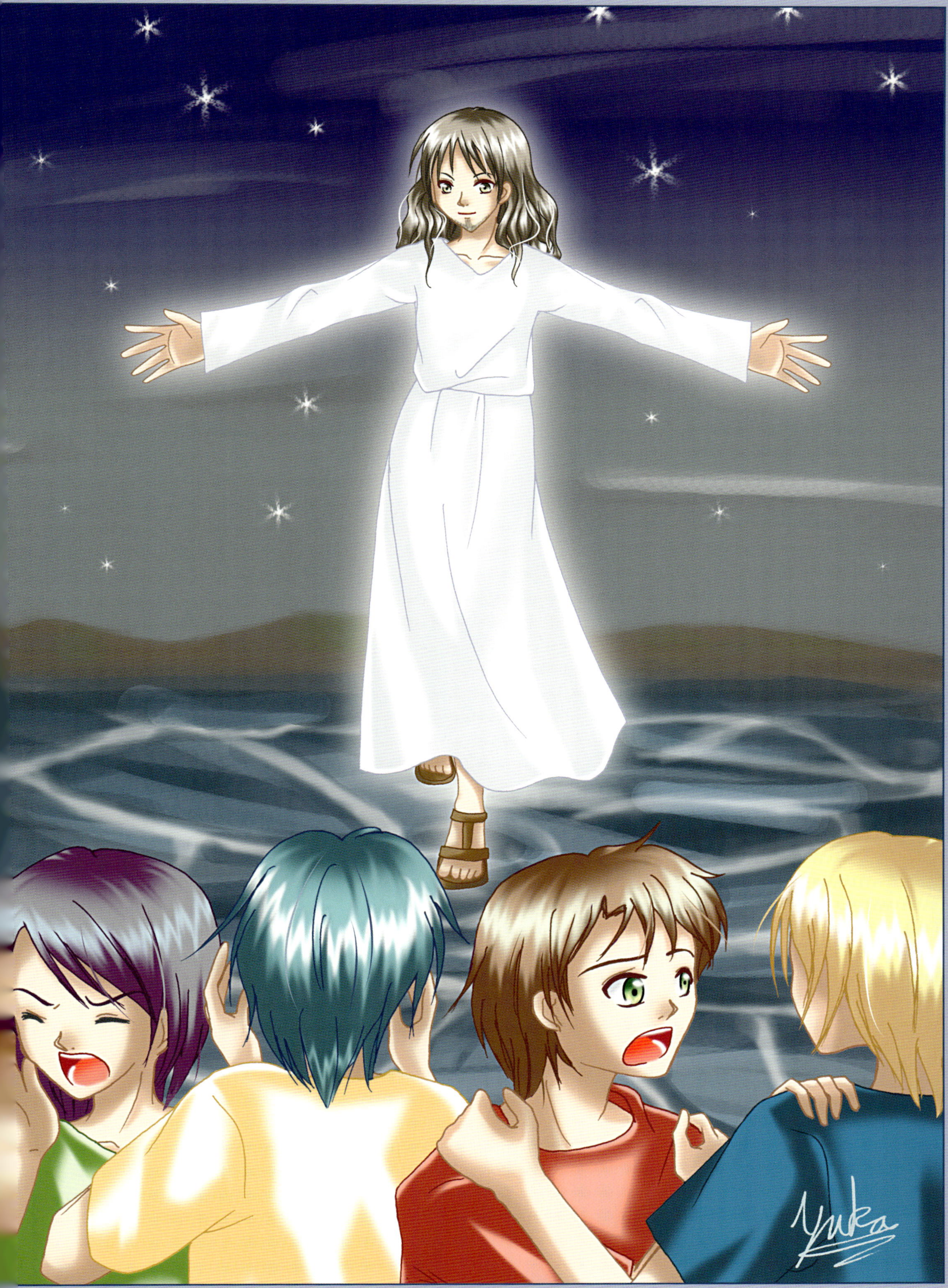
Yuka

90

Zachäus

Es war Mittagszeit in Jericho. Die Sonne stand hoch am Himmel und brannte heiß. Jesus war hungrig und wollte bald etwas essen. Also verabschiedete er sich von den vielen Leuten um ihn herum. Er wollte gerade los, da hielt ihn Thaddäus am Arm fest. „Sieh mal, Jesus, da oben sitzt einer!", sagte er aufgeregt und zeigte auf einen Feigenbaum in der Nähe. Und richtig: Mitten in der Baumkrone saß ein kleiner Mann und klammerte sich an den Ästen fest.

Jesus lächelte zu ihm hinüber. Dann sagte er zu Thaddäus: „Beruhige dich. Ich weiß. Der sitzt schon eine ganze Weile da oben. Ich wollte gerade zu ihm."

„Was? Zu dem da?", flüsterte Thaddäus entsetzt. „Ja, weißt du denn nicht, dass er ein Zöllner und Steuereintreiber ist? Ein Riesengauner ist das! Er heißt Zachäus. Arbeitet für die Römer. Nimmt den Leuten noch viel, viel mehr Geld ab, als er eigentlich darf. So ein Schuft! Er ist so reich, dass er sich alles kaufen kann, was er will. Aber er hat keine einzigen Freunde. Die kann man nämlich nicht kaufen."

„Ich weiß auch das", sagte Jesus ruhig. Er trat nun direkt unter den Baum und winkte hinauf: „Zachäus, komm herunter! Ich möchte heute bei dir Mittag essen." Zachäus blickte erschrocken: „Was? Bei mir? Wirklich?" „Ja, komm, beeil dich!", nickte Jesus. Der kleine Mann kletterte vom Baum herunter.

Die Umstehenden blickten Jesus verständnislos an. „Wie kannst du nur in sein Haus gehen? Dieser Mann ist unrein. Sein ganzes Haus ist unrein." Jesus sah sie der Reihe nach an: „Meint ihr etwa, er ist kein Kind Gottes?" Da schwiegen die Leute betreten, aber sie verstanden ihn nicht.

Jesus folgte Zachäus in sein Haus. Zachäus gab sich große Mühe, ein guter Gastgeber zu sein. Nach dem Essen stand er vom Tisch auf und schaute Jesus verlegen an. „Ich weiß, dass mich niemand mag. Ich war auch nicht immer ehrlich – aber, aber ich will es wieder gutmachen!" Jesus blickte ihn erfreut an. Das machte Zachäus Mut. Er sagte: „Ich will die Hälfte meines Vermögens an die Armen verschenken. Und was ich den Leuten zu viel abgenommen habe, gebe ich ihnen vierfach zurück." Jesus stand auf und gab ihm die Hand: „Das ist wunderbar, Zachäus!"

Die Leute aber, die nicht wussten, was gerade im Haus von Zachäus geschehen war, schüttelten die Köpfe und tuschelten: „Geht bei einem Zöllner zu Mittag essen! Einem Betrüger! Wie kann Jesus sich mit solchen Menschen abgeben?"

Sie bemerkten gar nicht, dass Jesus inzwischen wieder bei ihnen war: „Was regt ihr euch so auf?", fragte er neugierig. „Ist es wahr, dass du bei diesem Zöllner gegessen hast? Diesem Halsabschneider!", fragte ein Priester aufgebracht. Jesus nickte. „Zachäus war ein Sünder. Er hatte den rechten Weg verloren. Aber er hat zu Gott zurückgefunden."

„Ohne bestraft zu werden?", fragte der Priester verständnislos. „Das kann nicht sein. Er muss doch bestraft werden." Jesus blickte einen Moment in den blauen Himmel und sagte dann: „Ich werde es euch mit einer Geschichte erklären:

Es war einmal ein Hirte, der hatte hundert Schafe. Jeden Tag zog er mit ihnen zu neuen Weideplätzen. Jeden Abend beim Heimkommen zählte er sie gewissenhaft. Jedes einzelne Schaf war ihm wichtig. An einem Abend fehlte ein Schaf. Ein kleines, weißes mit einem schwarzen Fleck auf der Stirn. Der Hirte machte sich große Sorgen. Das arme Tier wird sich verlaufen haben. ‚Hoffentlich ist ihm nichts passiert!', rief der Hirte entsetzt. Sofort lief er los, um es zu suchen. Die Nacht brach schon herein, aber der gute Hirte gab nicht auf. Er lief und lief und lief und – endlich hörte er in der Ferne ein schwaches Blöken.

Aufgeregt ging er dem Rufen nach. Das erschöpfte kleine Ding kauerte ängstlich hinter einem Stein. Behutsam hob der Hirte sein Schaf hoch und trug es nach Hause. Überglücklich erzählte er seiner Familie und seinen Nachbarn: ‚Freut euch mit mir! Mein Schaf hatte sich verlaufen. Und jetzt habe ich es wiedergefunden.'

Versteht ihr jetzt?", fragte Jesus seine Zuhörer. „Gott ist wie dieser Hirte, der sich über das wiedergefundene Tier freut. Er freut sich über jeden, der zu ihm zurückfindet. Warum sollte er ihn bestrafen? Wichtig ist doch nur, dass er wieder bei ihm zu Hause ist."

So gab es also immer wieder Menschen, die Jesus Fragen stellten, weil sie nicht verstanden, was er sagte oder tat. Andere wollten ganz genau erfahren, wie Gott ist oder wie es im Himmelreich sein wird. Manchmal antwortete Jesus den Menschen mit einem kurzen Satz. Aber manchmal, und das habt ihr sicher schon gemerkt, war die Antwort eine besondere Geschichte. Die Geschichten, die Jesus dann erzählte, handelten von ganz normalen Dingen aus dem Leben der Zuhörer. Die Personen, die darin vorkamen, kannte man nicht persönlich. Aber man kannte vielleicht Leute, die so ähnlich waren. Deshalb konnte jeder die Geschichten verstehen. Solche Geschichten nennt man Gleichnisse.

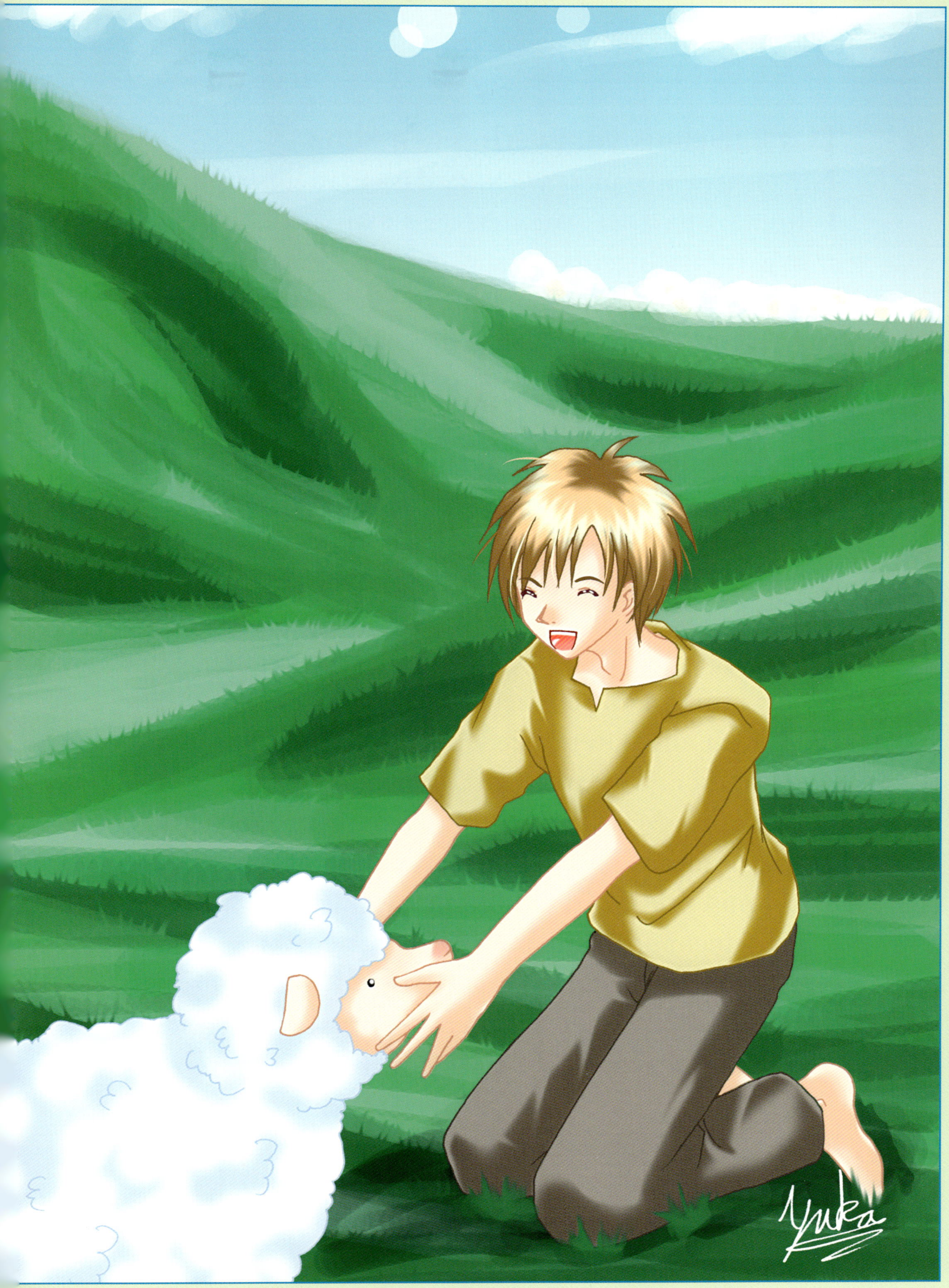
Yuka

Das Gleichnis vom verlorenen Sohn

Für Jesus war immer wichtig, dass man jederzeit umkehren kann. Das bedeutet, dass man auch, wenn man mal was falsch gemacht hat, wieder von vorn anfangen kann. Dass man nicht für die Fehler, die man gemacht hat, bis in alle Ewigkeit verflucht ist. Das ist doch wunderbar, oder?

Die Priester und Gesetzeslehrer konnten das nicht verstehen. Immerzu schimpften sie über Jesus. Ihnen war es ja wichtig, dass man keinen Fehler machte und alle Gesetze eingehalten wurden. Und was tat Jesus? Er verbrachte seine Zeit sogar mit Menschen, die sich nicht an alle Gebote hielten. „Mit solchem Gesindel gibt man sich nicht ab", schimpften die Priester, „mit denen kann man sich nicht an einen Tisch setzen. Die sind doch alle unrein! Sie leben nicht nach unseren Vorschriften. Das mag Gott ganz und gar nicht."

Und jedes Mal schüttelte Jesus darüber nur den Kopf. Immer wieder erklärte er dann mit einem Gleichnis, wie Gott im Himmel wirklich ist:

Auf einem großen Bauernhof lebte ein Mann mit seinen beiden Söhnen. Er hatte viele Knechte, große Felder und prächtige Viehherden. Er war sehr reich. Die beiden erwachsenen Söhne waren sein ganzer Stolz. Eines Tages kam der jüngere Sohn zu seinem Vater: „Es ist mir hier zu langweilig! Den ganzen Tag arbeiten und wieder arbeiten. Ich bin jung! Ich will jetzt etwas von der Welt sehen und Spaß haben. Gib mir das Geld, das ich nach deinem Tod von dir erben werde!"

Der Vater wurde traurig und sagte: „Willst du dir das nicht noch einmal überlegen?" „Nein, Vater! Ich will hier weg. Ich will mein Glück in der Ferne suchen." Betrübt rief der Vater nach einem Diener: „Pack meinem Sohn die Sachen zusammen! Ich werde einen Lederbeutel für das Geld holen." Dem Vater brach fast das Herz, als er seinen Sohn fortgehen sah.

Der Sohn zog weit weg in ein fremdes Land. Oh, was hatte er da für einen Spaß! Jeden Tag feierte er bis in die frühen Morgenstunden. Er spielte um Geld. Er kaufte sich alles, was er haben wollte: Kleider, Schuhe, teuren Wein. Er verjubelte sein ganzes Geld, bis er nichts mehr hatte. Aber dann passierte etwas Furchtbares: Eine große Hungersnot kam über das Land. Der Sohn hatte nichts mehr zu essen und zu trinken. Darum musste er sich eine Arbeit suchen. Schließlich fand er jemanden, der ihn Schweine hüten ließ. Das war schlimm für ihn. Da stand er nun in dreckigen Kleidern mit den Füßen im Schweinemist. Am liebsten hätte er das Schweinefutter selbst gegessen, so hungrig war er. Niedergeschlagen setzte er sich auf den Schweinetrog und dachte: „Ach, wäre ich doch bloß bei meinem Vater geblieben! Da hatte ich alles. Ich werde heimgehen und ihn um Verzeihung bitten. Er wird

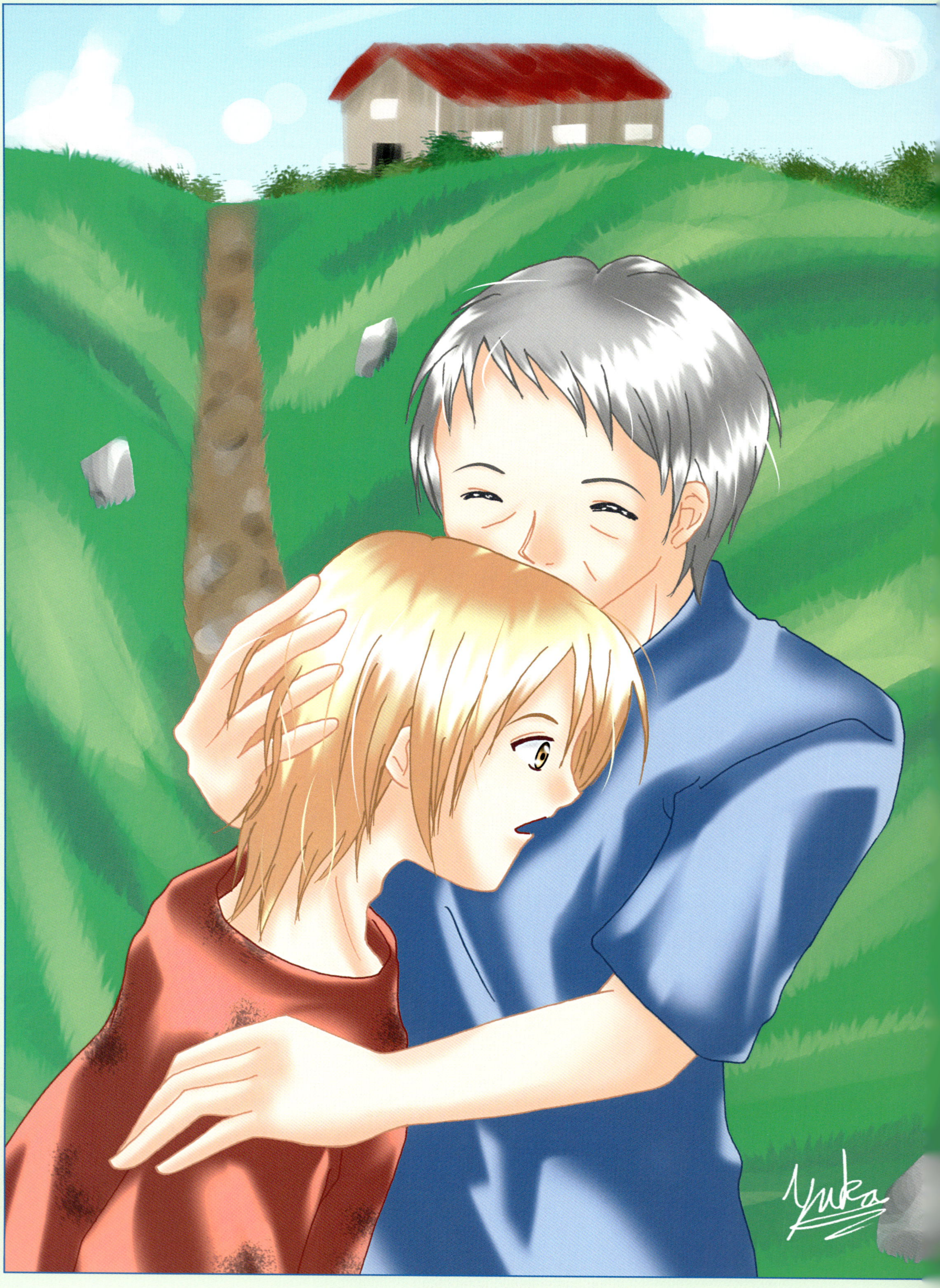
Yuka

sicher böse auf mich sein. Aber vielleicht stellt er mich ja als Arbeiter ein."

So ging er zurück in seine Heimat, zum Haus seines Vaters. Einige Tage musste er wandern, bis er endlich wieder in sein Dorf kam. Als er den Weg zum Haus einschlug, sah er den Vater vor der Tür stehen. Seine Schritte wurden langsam. Er hatte Angst. Doch der Vater kam ihm, so schnell er konnte, entgegen und rief: „Das gibt es ja nicht! Du bist zurück! Junge, du siehst ja furchtbar aus! Was ist denn mit dir?"

Der Sohn erzählte, was alles passiert war, obwohl er sich schrecklich schämte. Schließlich fragte er: „Darf ich für dich arbeiten und im Stall wohnen?" Der Vater lachte: „Niemals, mein Junge. Du bist zurück und du sollst bei mir im Haus wohnen wie früher. Komm an mein Herz! Lass dich küssen!" Er umarmte seinen Sohn und rief nach einem Knecht: „Lauf los und schlachte das Mastkalb. Mein Sohn ist wieder da! Wir wollen heute Abend feiern. Lad alle Nachbarn ein! Und such die schönsten Kleider für ihn heraus, die wir in der Truhe haben!"

So wurde der Sohn von seinem Vater ins Haus gebracht. Am Abend, als der ältere Sohn von der Arbeit auf dem Feld nach Hause kam, hörte er Musik. Nanu? Ein Fest, von dem er nichts wusste? Vor dem Haus hielt er einen Diener an, der gerade neuen Wein geholt hatte: „Was ist hier los?"

„Dein Bruder ist zurück. Er hat sein ganzes Geld durchgebracht, und dein Vater feiert ein großes Fest, um ihn willkommen zu heißen", erklärte der Diener.

Der ältere Bruder war sprachlos. Das konnte unmöglich sein „Mein Sohn! Schön, dass du auch gekommen bist!", hörte er die Stimme seines Vater hinter sich. „Dein Bruder ist zurück. Komm mit! Wir feiern ein wunderschönes Fest für ihn."

Da brach es aus dem jungen Mann heraus: „Du feierst ein Fest für diesen Taugenichts? Den solltest du vom Hof jagen! Der hat sein ganzes Geld ausgegeben. Und ich? Ich arbeite jeden Tag von Sonnenaufgang bis Sonnenuntergang für dich – was kriege ich? Für mich hast du noch nie ein Fest gegeben!"

Der Vater schüttelte den Kopf: „Aber mein Sohn, was regst du dich so auf? Du bist immer bei mir. Und darüber bin ich sehr glücklich. Alles, was mir gehört, ist auch deins. Aber jetzt wollen wir uns freuen, denn dein Bruder war verloren, und nun ist er zurück. Ich habe jetzt wieder zwei Söhne, und das will ich mit dir feiern!" Gott ist so wie der Vater in dieser Geschichte: Er nimmt jeden wieder auf, der zu ihm zurückkehrt.

Das Gleichnis von den Arbeitern im Weinberg

Viele Eltern erklären ihren Kindern, wenn sie klein sind, das Himmelreich so: Das Himmelreich ist oben in den Wolken. Und dort wohnt Gott. Der ist ein freundlicher alter Mann mit einem langen weißen Bart. Tatsächlich gibt es viele Bilder und Gemälde, auf denen er so aussieht. Und dann erklären sie: Bei Gott oben im Himmel wohnen jetzt all die Menschen, die bereits gestorben sind. Das ist eine schöne Vorstellung, aber wie es wirklich ist, das kann man sich gar nicht so genau ausmalen. Auch die Menschen damals wollten wissen, wie das Himmelreich wohl aussieht. Sie fragten Jesus danach. Dieses Gleichnis erzählt von einer Antwort, die Jesus gegeben hat:

„Wie wird es im Himmelreich sein?", wurde Jesus eines Tages gefragt. „Wisst ihr", antwortete er, „mit dem Himmelreich ist es so wie mit dem Mann, der einen großen Weinberg hatte. Die Erntezeit kam, und der Mann brauchte dringend Arbeiter, um die vielen reifen Trauben zu pflücken. Früh um sechs machte er sich auf den Weg zum Dorfplatz und rief: ‚Wer will heute für mich arbeiten? Ich zahle ein Silberstück für einen Tag Traubenpflücken!' Das war ein guter Lohn. Und so versammelten sich einige Männer um ihn und sagten:

‚Wir kommen mit dir zur Traubenernte. Zeig uns den Weg zu deinem Weinberg!'

Der Weinbauer führte sie zu dem Hang und zeigte ihnen die Weinstöcke. Sie hingen voller Trauben. Dann gab er ihnen Messer zum Traubenabschneiden und Körbe zum Sammeln der Früchte. Sie machten sich an die Arbeit. Um neun Uhr ging der Bauer wieder zum Dorfplatz und sah ein paar Männer, die am Brunnen standen. ‚Sucht ihr Arbeit?', fragte er. ‚Natürlich', bekam er da zur Antwort. ‚Dann kommt und helft mir bei der Traubenernte! Ich werde euch einen guten Lohn zahlen.' Sie gingen mit und halfen ebenso.

Das Gleiche machte der Weinbauer mittags um zwölf und am Nachmittag um drei Uhr noch mal. Und immer wieder fand er Männer, die er zum Arbeiten in seinen Weinberg schickte. Das letzte Mal ging er auf den Dorfplatz, als es schon Abend wurde. Auch diesmal traf er dort ein paar Männer an. Er fragte sie: ‚Habt ihr nichts zu tun?' ‚Nein', sagten sie enttäuscht. ‚Wir waren überall, aber niemand wollte uns.' ‚Ich brauche euch, kommt mit in meinen Weinberg!' Da gingen auch sie mit ihm.

Als alle Trauben gepflückt waren, wurde es bereits dunkel. Der Bauer ging zu seinem Verwalter: ‚Hol alle her, wir wollen die fleißigen Arbeiter bezahlen!' Der Verwalter rief alle zusammen. Zuerst gab er den

103

Männern, die zum Schluss gekommen waren, ein Silberstück. Das sahen die anderen und dachten: ‚Na, da kriegen wir bestimmt das Doppelte, wenn nicht noch mehr. Wir sind ja schon in aller Frühe hier gewesen.'

Aber was war das? Der Verwalter gab auch ihnen genau ein Silberstück. ‚Du musst dich irren, Mann!', riefen sie. Ein Arbeiter trat vor und sagte: ‚Wir sind viel länger hier als die da! Wir haben den ganzen Tag in dieser Bullenhitze die schweren Körbe geschleppt. Das ist ungerecht, wir sollten mehr Belohnung kriegen!' Da kam der Weinbauer hinzu: ‚Guter Mann, hör mal! Dir geschieht kein Unrecht. Heute Morgen am Brunnen haben wir ein Silberstück für einen Tag Arbeit ausgemacht, richtig?' Der Mann nickte.

‚Genau das hast du erhalten. Nimm dein Geld und geh nach Hause! Ich will allen das Gleiche geben. Auch denen, die als Letzte kamen. Es ist mein Geld, und damit kann ich machen, was ich will. Bist du etwa neidisch, weil ich zu den anderen großzügig bin?' Der Mann wusste darauf nichts zu sagen, so fuhr der Bauer weiter fort: ‚Die Letzten sind für mich nicht weniger wert als ihr. Auch wenn ihr heute Morgen als Erste angefangen habt! Für mich seid ihr alle gleich wichtig und gleich viel wert.' "

Die Geschichte war zu Ende und Jesus machte eine kurze Pause. Dann sagte er: „Seht ihr, so können die Letzten die Ersten sein und die Ersten die Letzten.

Gott hat den einen so lieb wie den anderen." Das verstand jeder: Es kam nicht einmal darauf an, wann man zu Gott fand. Ob morgens, mittags oder abends, ob als junger oder als alter Mensch, in guten oder schlechten Zeiten. Gott hat alle Menschen immer gleich lieb. Das war ja wirklich himmlisch!

Jesus selbst sagte also nicht: „Gott sitzt auf einer weißen Wolke. Und er hat einen weißen Bart." Er sagte auch nicht: „Genau so wird es sein" oder „So wird es auf keinen Fall sein". Das heißt: Wie das Reich Gottes ganz genau aussieht, wussten die Menschen, die Jesus danach gefragt hatten, damals dann immer noch nicht. Aber das Gleichnis wie manches andere, was Jesus über das Himmelreich sagte, gibt einem auch heute noch ein Gefühl dafür, wie es dort sein könnte.

Seinen Worten nach lässt sich so viel sagen: Der Tod oder das Böse haben dort keine Macht mehr. Dort gibt es Gerechtigkeit und Frieden, denn die Liebe Gottes herrscht über alles. Und eines stellte Jesus immer wieder klar: Das Himmelreich kann man auch schon auf Erden leben, denn Gottes Liebe ist auch hier spürbar.

106

Das Gleichnis vom Sämann

„Ein Sämann ging hinaus auf sein Feld. Dort säte er Weizenkörner aus. Und wie er so streute, fielen einige Körner auf den Weg. Da kamen Vögel und fraßen die Körner, ehe sie keimen konnten.

Andere Körner fielen auf steinigen Boden, wo nur wenig Erde war. Die Körner öffneten sich, ein winziges Pflänzchen entstand, aber es konnte keine Wurzeln bilden und sich im Boden festhalten. Und als die Sonne hoch am Himmel stand, vertrocknete die Saat, weil die Wurzeln nicht in der tiefen Erde nach Wasser suchen konnten.

Ein anderer Teil der Körner fiel zwischen Pflanzen, die Dornen hatten. Die Dornen wuchsen schneller als das Korn, und sie erstickten die Saat. Das Pflänzchen hatte sich gegen die Dornen nicht durchsetzen können.

Die letzten Körner schließlich fielen auf guten, fruchtbaren Boden und fingen an zu keimen. Die Saat ging auf und wuchs zu einem prächtigen Getreidefeld heran. Der Sämann freute sich über seine Ernte: Er hatte jetzt hundertmal mehr neue Samenkörner, als er gesät hatte. Denn die sitzen zu vielen oben in jedem einzelnen Getreidehalm."

Dieses Gleichnis hatte Jesus eines Morgens erzählt. Aber was hatte Jesus gemeint? Später am Tag fragten die Jünger einfach nach: „Jesus, was bedeutet diese Geschichte vom Sämann?"

Jesus antwortete ihnen gern: „Der Sämann ist jemand, der den Menschen die Frohe Botschaft von Gott erzählt. Die Körner sind die Worte der Botschaft. Der Sämann wünscht sich natürlich, dass die Botschaft in den Herzen der Menschen ankommt. Dass sie dort gut aufgehoben ist und die Menschen erfreut.

Aber, die Worte der Frohen Botschaft sind eben wie die Weizenkörner: Sie kommen nicht immer dorthin, wo sie am besten gedeihen. Erinnert ihr euch? Einige der Körner landeten auf dem Weg und wurden gleich von den Vögeln gefressen. Damit sind Menschen gemeint, die zwar zugehört haben, aber plötzlich kommt ihnen ein zweifelnder Gedanke. Und sie sagen sich: ‚Das kann doch alles gar nicht stimmen! Wahrscheinlich ist das alles nur erfunden. Das ist doch alles nur Gerede.‘ Und schon sind die Worte weg.

Dann gab es da die Weizenkörner, die auf steinigen Boden gefallen sind. Das sind die Leute, die sich zuerst über die Frohe Botschaft gefreut haben. Aber die Worte haben ihr Herz trotzdem nicht erreichen können. Diese Menschen ändern jeden Tag ihre Meinung. Heute glauben sie das eine und morgen etwas anderes. Die Worte finden einfach keinen festen Boden.

Und dann gab es da die Weizenkörner, die zwischen den Dornen landeten. Damit sind wieder andere Menschen gemeint.

Sie nehmen sich das Wort Gottes zwar zu Herzen, aber sie lassen sich von ihren Sorgen quälen. Sorgen um Geld, um Arbeit, um ihre Gesundheit. Die Frohe Botschaft wird in ihrem Herzen wie von Dornen erstickt.

Es gibt aber auch Menschen, die Gottes Frohe Botschaft ganz und gar in ihrem Herzen aufnehmen. Sie leben danach, und die Worte bringen so hundertmal Frucht. Denn weil sie voller Vertrauen in Gottes Liebe sind, tragen sie die Frohe Botschaft weiter. Wie die Körner, die auf den fruchtbaren Boden gefallen sind."

Das Gleichnis vom barmherzigen Samariter

Jesus war an diesem Tag in der Synagoge und lehrte. Viele Menschen hörten ihm begeistert zu. Kein Wort wollten sie verpassen. Nur die Schriftgelehrten hatten grimmige Gesichter. Sie ärgerten sich, dass er so viele begeisterte Anhänger hatte.

Da stand der Klügste von ihnen auf. Er wollte Jesus auf die Probe stellen und sagte: „Ich weiß, dass wir Gott lieben sollen." Jesus nickte. „Ich weiß", fuhr er fort, „dass wir unseren Nächsten lieben sollen wie uns selbst. Aber wer soll das sein? Wer ist mein Nächster?" Jesus dachte kurz nach. Dann antwortete er: „Ich will euch eine Geschichte erzählen:

Ein Mann ging von Jerusalem nach Jericho. Und wie er so fröhlich dahinschritt, kamen mit einem Male Räuber und schlugen ihn so schwer auf den Kopf, dass er ohnmächtig wurde. Sie nahmen ihm alles weg, was er besaß: sein Geld und seine Kleider und seine Tasche. Dann machten sie sich schnell aus dem Staub.

Auf dem gleichen Weg kam wenig später ein Priester vorbei. Der schwerverletzte Mann hörte ihn kommen. ‚Ich muss um Hilfe rufen!', dachte er. Aber er bekam keinen Ton heraus. Er war zu schwach. Und was tat der Priester? Er sah den Mann in seinem Blut liegen und ging einfach vorbei. Wieder eine Weile später kam ein Tempeldiener den Weg entlang. Der machte es genauso wie der Priester: Er ging an dem hilflosen, verwundeten Mann einfach vorbei. Es wurde Nachmittag, und der arme Mann hatte keine Hoffnung mehr: ‚Ich werde hier sterben, wenn nicht bald Hilfe kommt!'

Doch da hörte er wieder Geräusche: die eines Menschen und eines Tieres. Es war ein Samariter, ein Mann aus Samarien, mit seinem Esel. Er sah den Verletzten und erschrak: ‚Wer hat dich denn so übel zugerichtet? Du armer Mann!' Sofort machte er sich daran, seine Wunden zu säubern. Dann verband er ihn ganz vorsichtig und gab ihm Wasser zu trinken. Er setzte ihn behutsam auf den Esel und brachte ihn in ein Gasthaus. Dort kümmerte er sich die ganze Nacht um den Kranken. Am nächsten Morgen musste er weiterreisen. Also rief er den Wirt und sagte: ‚Sei so gut und pflege den armen Mann, bis er gesund ist!

111

Ich gebe dir ein Silberstück. Ich komme in ein paar Tagen wieder. Wenn das Geld nicht reicht, gebe ich dir mehr, wenn ich wieder zurück bin.'"

Die Schriftgelehrten schauten sich fragend an. Einer zuckte mit den Schultern. „Ja, und? Eine Geschichte erzählen kann jeder." Aber der kluge Schriftgelehrte war neugierig geworden. „Also: Was willst du uns damit sagen?" „Du hast mich gefragt, wer dein Nächster ist! Sag du es mir: Wer war der Nächste für den Verwundeten?" „Natürlich der Mann aus Samarien. Er hat als Einziger geholfen!", platzte der Schriftgelehrte heraus.

„Dann geht und macht es genauso. Jeder, der eure Hilfe braucht, ist euer Nächster.", antwortete Jesus und – ging. Die Schriftgelehrten ärgerten sich noch viel mehr als zuvor. Jesus hatte eine gute Geschichte erzählt und eine gute Antwort gegeben. Dem Mann war nicht beizukommen! Alles konnte er erklären, aber ganz anders als sie selbst. Und die Menschen liebten ihn dafür. Eifersüchtig dachten sie: „Das gefällt uns nicht. Den müssen wir loswerden!"

Zu Gast bei den Pharisäern

Es roch köstlich im ganzen Haus. Nach gebratenen Rebhühnern in Granatapfelsaft, gefüllten Wachteln und anderen Leckereien. Sie waren auf dem Tisch bereitgestellt. Denn

Jesus war heute zu Gast bei den Pharisäern. Das waren hoch angesehene gottesfürchtige Männer. Viele Menschen hörten auf das, was sie sagten. Sie hielten alle Gesetze der Heiligen Schrift ganz genau ein. 613 Vorschriften mussten sie befolgen. Stell dir das mal vor! Nichts durfte man mal vergessen. Denn sie glaubten, sonst würde man Gott nicht gefallen.

Jesus wollte sich gerade an den gedeckten Tisch setzen, da räusperte sich der Pharisäer, der Jesus eingeladen hatte, extra laut und blickte ihn vorwurfsvoll an: „Hast du nicht etwas vergessen?" Jesus zuckte mit den Achseln: „Was meinst du?" „Du hast dir noch nicht die Hände gewaschen!", schimpfte der Gelehrte. „Unrein zu Tisch, das ist unerhört! Man muss sich an die Vorschriften halten. Ich hörte, dass deine Jünger es auch nicht so genau nehmen mit dem Waschen."

Jesus schüttelte den Kopf: „Du meinst, das sei wichtig? Händewaschen macht den Menschen rein? Ich will dir etwas sagen: Nicht, was du von außen an einem Menschen siehst, ist wichtig. Wichtig ist ein reines Herz – das allein zählt! Denn in einem Herzen entstehen gute oder schlechte Gedanken. Schmutzige Hände machen aus niemandem einen schlechten

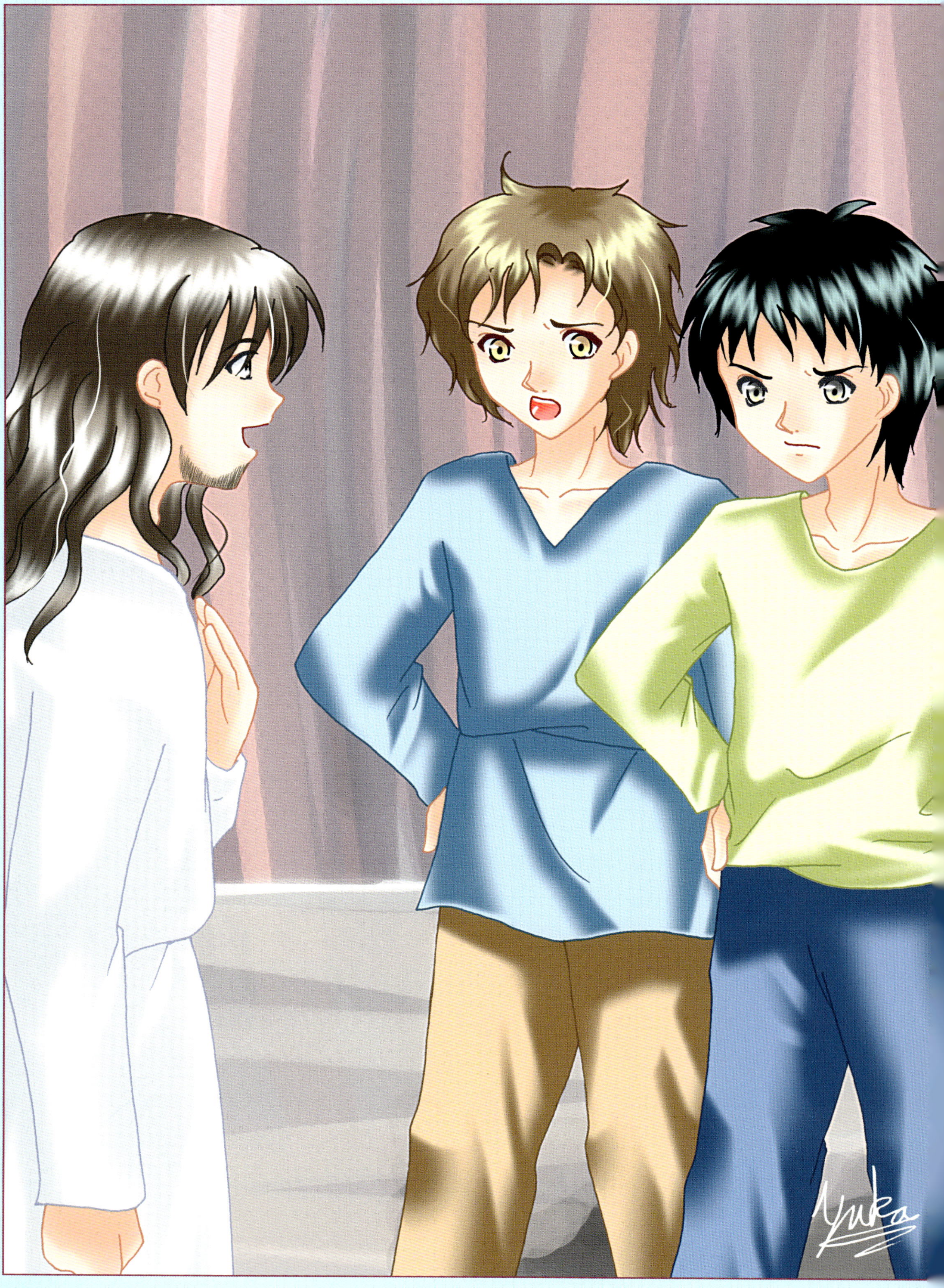

Menschen. Ihr Heuchler schaut nur auf das, was ihr von außen sehen könnt! Aber könnt ihr ins Herz eines Menschen sehen?"

Das Gesicht des Pharisäers war dunkelrot vor Zorn: „Du beleidigst mich, Jesus! Und nicht nur mich, sondern auch meine Freunde." Jesus sah die strengen Männer an. „All diese Vorschriften und all diese Regeln! Ihr verlangt zu viel von den Menschen. Eure Aufgabe ist es, sie zu Gott zu führen. Aber das tut ihr nicht, ihr stellt ihnen nur Hindernisse in den Weg! Ihr tut so, als ob es furchtbar schwierig wäre, Gott nahe zu sein." Mit diesen Worten verließ Jesus das Haus.

Ein verhängnisvoller Entschluss

Stunden später brannte immer noch Licht im Haus des Pharisäers. Er, einige Schriftgelehrte und ein Priester saßen zusammen und redeten sich die Köpfe heiß. Sie ärgerten sich furchtbar über Jesus. Warum nur?, fragst du dich jetzt bestimmt. Jesus tut immer nur Gutes, und er hatte doch völlig recht: Schmutzige Hände machen aus niemandem einen schlechten Menschen. Worüber regten sich die Männer also so auf?

Nun, stell dir mal vor, du erklärst morgen deinem Mathelehrer, wie er seinen Unterricht besser machen sollte. Der eine oder andere Mathelehrer würde vielleicht sogar hören wollen, was du zu sagen hast.

Aber die meisten würden wohl gleich mit dem Kopf schütteln und denken „Na, der Knirps kann ja noch nicht mal bis Hundert zählen, was will der schon wissen. Ich habe die Mathematik viele Jahre lang studiert!" Dann würde er zu dir sagen: „Du bist der Schüler, und ich bin dein Lehrer, also weiß ich es ja wohl besser. Setz dich wieder hin!"

Und genau das ist der Grund, weshalb sich alle im Haus des Pharisäers so aufregten. Sie waren der Meinung, dass sie und nur sie alles über Gott und die richtige Lebensweise wussten. Und dass Jesus nur ein junger Mann war, der sich wichtig machen wollte.

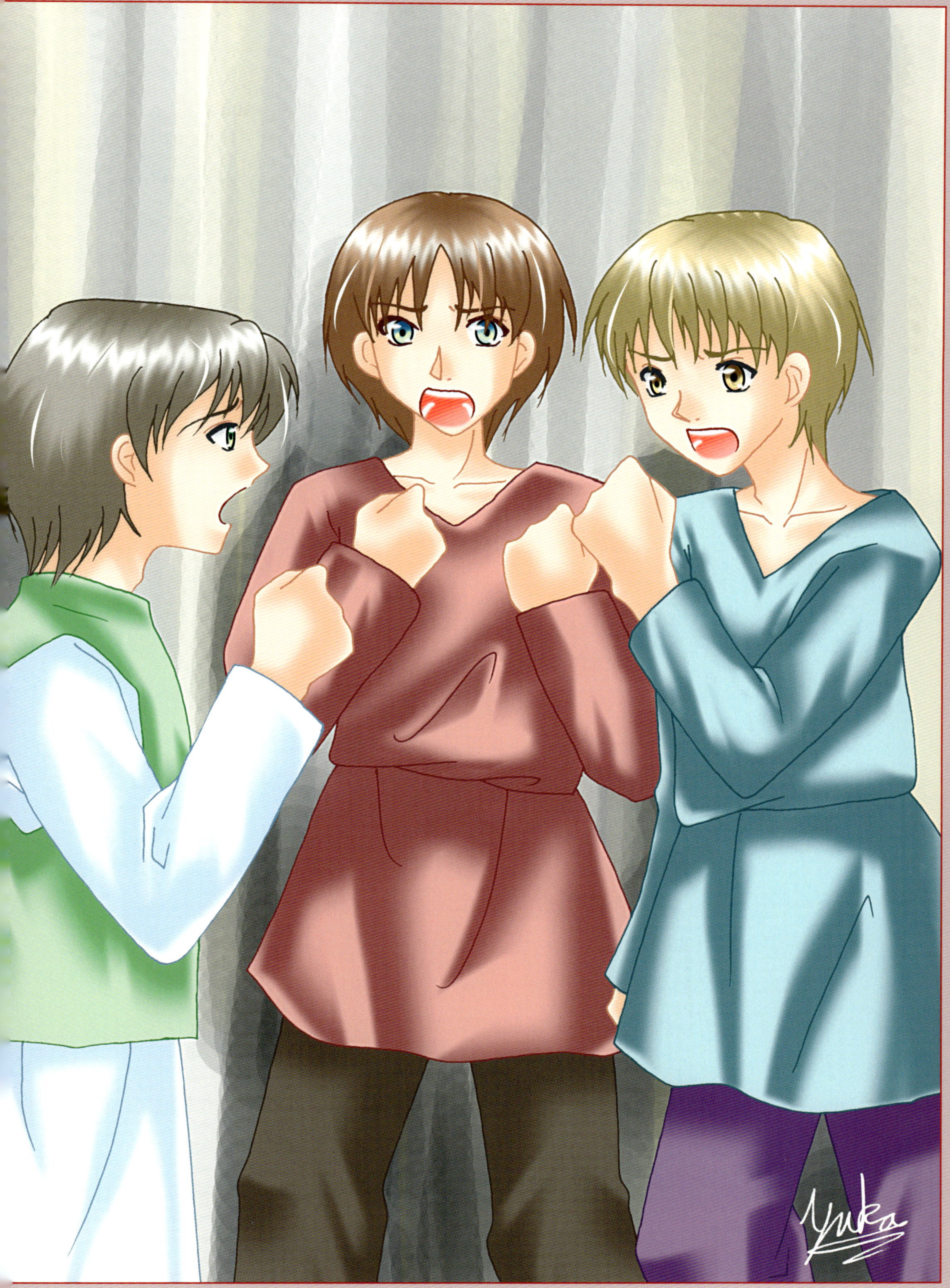
Yuka

Inzwischen war der Pharisäer von seinem Platz aufgesprungen und hatte dabei sogar seinen Stuhl umgeschmissen. Unruhig und wütend ging er jetzt im Raum auf und ab. „Dieser Jesus stellt alles auf den Kopf! Wo kommen wir denn hin, wenn wir uns nicht an alle Gebote halten? Seit Jahrhunderten halten wir unsere Vorschriften ein. Er will das ändern? Wofür hält er sich? Und dann besitzt er auch noch die Frechheit, uns belehren zu wollen! Wir! Wir haben die Schriften studiert. Er ist doch nur der Sohn eines Zimmermanns, pah! Wir sind die Hüter der Gebote. Wir wissen, was gut ist für unser Volk."

Der Priester am Ende des Tisches nickte eifrig. Dann machte er ein finsteres Gesicht und sagte leise. „Ich habe noch etwas über ihn erfahren." Alle schauten ihn gespannt an. „Ich habe gehört, dass er in Phönizien war. Dort hat er einem kleinen Mädchen geholfen. Die Mutter hatte ihn darum gebeten…"

„Er hat einer Familie von Heiden geholfen? Menschen, die nicht an unseren Gott glauben?", fragte einer der Gelehrten. „Ja!", antwortete der Priester.

„Er hilft ja auch den unreinen Römern. Es heißt, er habe in Kafarnaum einem römischen Hauptmann geholfen. Mit jedermann setzt er sich an einen Tisch: mit Zöllnern, Fremden und sogar mit Heiden! Und allen hilft er." Der Priester schlug mit der Faust auf den Tisch: „Das Schlimmste bei all diesen Missetaten ist: Die Menschen lieben ihn. Sie hören mehr auf Jesus als auf uns. Sie folgen ihm überall hin. Es werden sogar täglich mehr. Stellt euch das mal vor!"

Das Gesicht des Pharisäers war dunkelrot vor Zorn geworden. „Wenn er immer mehr Anhänger um sich sammelt, verärgert er uns noch die Römer. Dann nehmen sie uns vielleicht den Tempel weg." „Wir müssen etwas unternehmen.", schimpfte ein anderer Gelehrter. „Uns bleibt nur eins: Dieser Jesus muss verschwinden!"

Jesus wusste, dass er einigen mächtigen Menschen ein Dorn im Auge war. Und er wusste vermutlich auch, was das für ihn bedeutete. Vor allem wusste er, dass er als Sohn Gottes einen Auftrag zu erfüllen hatte. Eines Tages beschloss er, seine Freunde, die Jünger, auf das Schlimmste vorzubereiten…

Jesus, der Messias

Jesus war mit seinen Jüngern auf dem Weg in die Dörfer bei Cäsarea. Sie ließen sich Zeit und freuten sich über den Sonnenschein und den warmen Wind, der durch die Gräser am Wegesrand strich. Andreas und Jacobus sangen ein altes Fischerlied. Schließlich machten sie Rast im Schatten eines Baumes.

Nachdem sie sich ein Weilchen ausgeruht hatten, fragte Jesus seine Freunde: „Für wen halten mich die Menschen, wisst ihr das?" Jacobus nickte: „Viele halten dich für einen von den alten Propheten. Für einen, den Gott vor langer Zeit schon einmal auf die Erde geschickt hat und der nun zurückgekommen ist."

„Stimmt! Neulich haben dich welche für den Propheten Elija gehalten", sagte Simon. Da musste Jesus lachen. Doch dann wurde er sehr ernst: „So, so – und für wen haltet ihr mich?"

Petrus antwortete zuerst: „Du, Jesus – bist der Messias Gottes!" Alle schauten auf Jesus.

„Ja, so ist es, Petrus", sagte er und sah nun seine Jünger noch ernster an. „Aber sprecht mit niemandem darüber!" Er schwieg einen Moment. Dann sagte er leise und traurig: „Mir wird Schlimmes passieren. Ich werde vieles erleiden müssen. Die Ältesten, die Hohepriester und die Schriftgelehrten werden mich töten lassen. Aber am dritten Tage nach meinem Tod werde ich wiederauferstehen."

Die Jünger bekamen einen Riesenschreck. Sie wollten nicht, dass Jesus starb. Tränen füllten ihre Augen: „Nein, das darf nicht sein." „Es wird so sein", war alles, was sie zur Antwort bekamen.

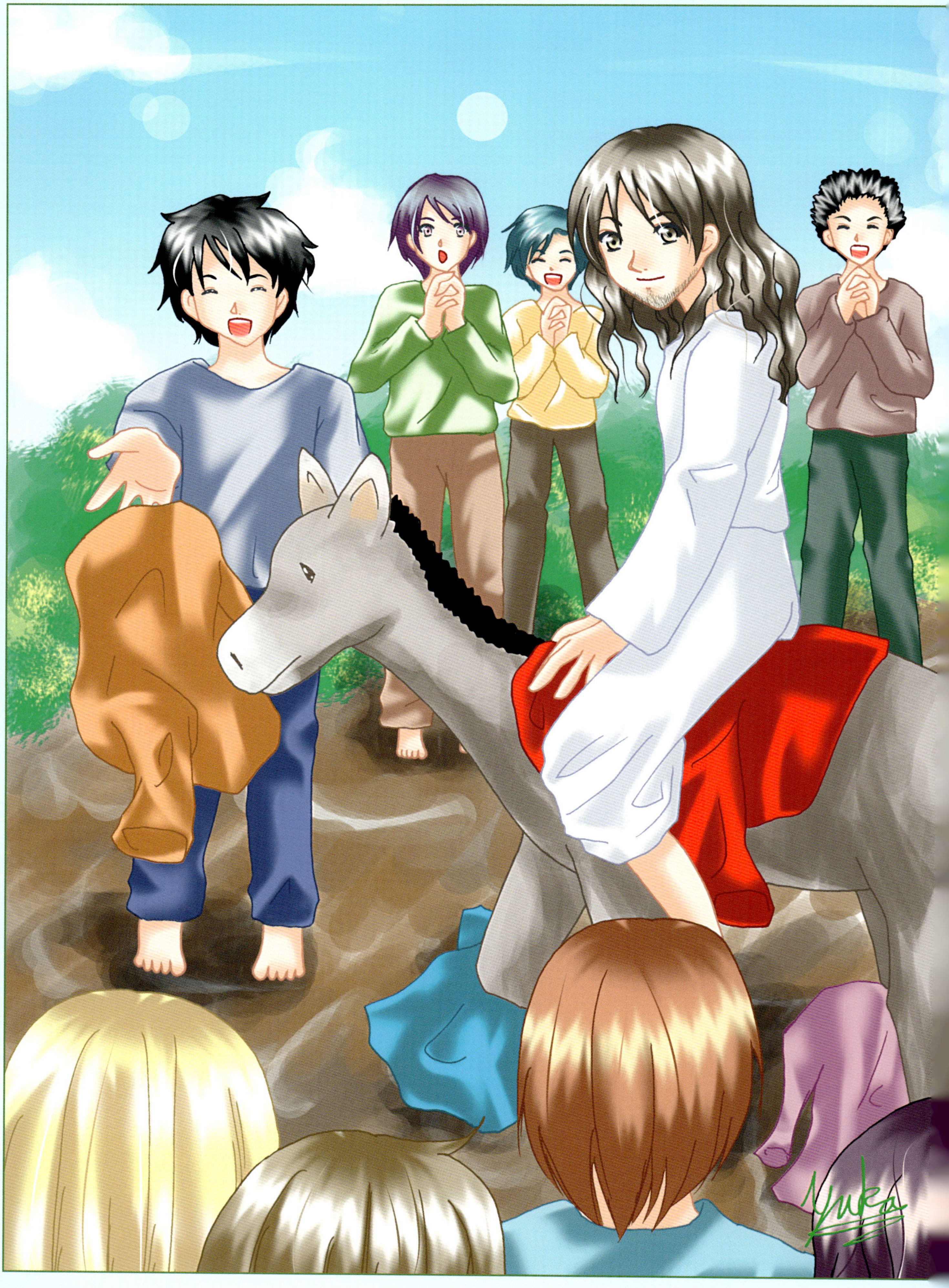
Yuka

DRITTER TEIL

•

Jesus erfüllt seine schwerste Aufgabe

Willkommen in Jerusalem!

„Iaaah! Iaaah!", schrie der kleine graue Esel fröhlich und ließ dazu seine Hufe im Takt über die Straße klackern. Aufgeregt trabte er den Jüngern Philippus und Bartholomäus hinterher. Jesus und die anderen saßen im Schatten einiger Olivenbäume und warteten schon auf sie. „Hier kommt der Esel, den du wolltest!", rief Philippus, „der Bauer hat ihn uns gern geliehen. Wir sollen dich recht herzlich von ihm grüßen." Jesus stand auf, ging zu dem Esel und kraulte ihm das struppige Fell zwischen den Ohren. Und obwohl noch nie ein Mensch auf ihm geritten war, ließ der Esel Jesus aufsteigen und trug ihn ganz wunderbar. Es sah fast so aus, als ob der kleine Esel ein bisschen stolz war. So zogen sie los nach Jerusalem. Es war kurz vor dem Pessachfest. Erinnert ihr euch noch an das große Fest, an dem sich alle in Jerusalem trafen? Jesus hatte es mit zwölf Jahren zum ersten Mal dort gefeiert.

Der kleine Esel wusste natürlich nichts vom Pessachfest. Als unsere Freunde das Stadttor erreichten, blieb er erschrocken stehen: Nanu, so viele Menschen?

Der Esel dreht den Kopf und schaute zu seinem Herrn hoch, als wollte er fragen: „Sollen wir wirklich weitergehen?" Jesus klopfte ihm beruhigend den Hals. Da stapfte der kleine Esel weiter.

Die Menschen erkannten sofort, wer da auf dem Esel ritt. Alle schrieen und jubelten: „Jesus! Jesus! Du bist der, auf den wir warten! Hurra! Hurra! Jesus ist da!" Die Menschen winkten begeistert mit Palmenzweigen. In Jerusalem gab es viele Palmen. Diese Bäume kennt ihr bestimmt. Man sieht sie oft im Süden, am Meer. Mit ihren gebogenen Zweigen und den länglichen Blättern daran sehen die Palmwedel wie riesige Federn aus.

Plötzlich hatte einer der Jubelnden eine Idee, und alle anderen machten es ihm nach: Sie legten die Zweige und sogar ihre Mäntel auf die Straße vor Jesus, dicht an dicht. Es war nun ein Weg aus Palmzweigen und Mänteln. So wollten die Menschen Jesus zeigen, wie wertvoll er ihnen war: Nicht einmal sein Esel sollte den Staub der Straße berühren. Und so trug der kleine Esel Jesus nach Jerusalem hinein, ohne sich die Hufe schmutzig zu machen.

Dieser Tag im Jahr bekam später den Namen Palmsonntag. Die Christen erinnern sich gern an die große Freude der Menschen, als Jesus in Jerusalem ankam und durch die Straßen ritt. Der

Palmsonntag ist der Beginn der Woche vor
Ostern. Diese Woche ist allen Christen
in der Welt sehr wichtig. Denn bis
Ostern würde noch einiges passieren …

Krach im Tempel

Am nächsten Tag ging Jesus mit seinen Jüngern in den Tempel. Im Vorhof herrschte dichtes Gedränge: Händler standen vor Käfigen mit Tauben und Hühnern. Lämmer waren an Pflöcken festgebunden, damit sie nicht weglaufen konnten. Die Tiere wurden dort verkauft, als Opfergabe oder einfach für das nächste Mittagessen. Und überall waren noch mehr Verkäufer, die ihre Waren anboten: „Eier, frische Eier!", tönte es aus der einen Ecke. „Was wollt ihr mit Eiern? Kauft lieber ein Huhn! Ganz billig! Lebende Hühner!", tönte es aus der anderen. Manche stritten sich über die Preise, Münzen klimperten und wurden hin- und hergereicht. Es war wie auf einem Markt, nicht wie in einem Tempel.

Jesus blickte sich um, und seine Stirn bekam tiefe Zornesfalten. Mit festem Schritt ging er auf einen Viehhändler zu, der gerade seine Peitsche schwang, denn eine kleine Ziege hatte versucht, sich loszureißen. Jesus nahm dem Mann die Peitsche weg. Dann band er blitzschnell alle Tiere los. Die kleine Ziege machte sich auf und davon. „Was machst du da?", schrie der

Viehhändler. Jesus drehte sich um und blickte den Mann grollend an. Die Jünger wichen zurück. So hatten sie ihren Meister noch nie gesehen. Er war bitterböse. Jesus ging einen Schritt auf den Mann zu und hob die Peitsche hoch: „Was glaubst du, wo du bist? Ist der Tempel ein Marktplatz? Menschen kommen hierher, um in Ruhe mit Gott zu sprechen. Dieser Ort ist heilig! Geht! Verlasst den Tempel!" Jesus packte sich einen Tisch, auf dem Eier, Münzen und andere Dinge zum Verkauf angeboten wurden. Mit einem großen Krach warf er ihn um.

Ein Aufschrei ging durch die Menge. Aber Jesus war noch lange nicht fertig. Er knallte laut mit der Peitsche auf den Boden und schrie die Händler wütend an: „Mein Haus ist ein Haus des Gebetes! Ihr habt daraus eine Räuberhöhle gemacht. Verschwindet! Raus mit euch! Raus aus meinem Tempel!" In seiner Wut warf er noch mehr Tische um und jagte die Händler mitsamt ihrem Vieh aus dem Tempel.

Seine Jünger halfen ihm dabei. Jetzt flogen noch mehr Eier und Münzen zu Boden, Hühner und Tauben flatterten kreischend auf, Lämmer und Hammel rannten kreuz und quer – es war ein unbeschreibliches Durcheinander. „Holt die Tempelwache! Holt die Tempelwache! Hilfe!", riefen die Händler. Aber umsonst. Die Tempelwache war nirgends zu sehen. Aus einem der oberen Fenster hatten die Hohepriester und

127

einige der Schriftgelehrten alles mit angesehen. Sie glaubten ihren Augen kaum. Dieser Jesus, nichts als Ärger hatte man mit ihm! Was hatte er gerufen? „Mein Haus!", hatte er gesagt? Das war Gotteslästerung! Es war Gottes Haus! Dieser Jesus wurde immer frecher und hatte überhaupt keinen Respekt mehr vor ihnen.

Der Hohepriester Kajaphas sprach als Erster aus, was alle dachten: „Jetzt reicht es. Jesus muss verschwinden! Sonst hören bald alle Leute nur noch auf ihn und nicht mehr auf uns." Die anderen nickten. „Aber es muss heimlich geschehen, am besten noch vor dem Fest. Es darf keinen Aufruhr im Volk geben." Schnell waren sich die hohen Herren einig: Mit einer List würden sie Jesus in ihre Gewalt bringen und töten lassen.

Der Verrat

Der Jünger Judas saß allein am Wegesrand auf einem Stein. Der Himmel war strahlend blau, aber auf seinem Herzen lagen dicke graue Wolken. Warum? Nun, Judas hatte keine Lust mehr. Die Jünger zogen jetzt schon so lange mit Jesus von Ort zu Ort, das ganze Land hatten sie durchquert. Aber wofür? Ja, Judas wusste, dass die anderen Jünger glücklich waren. Für sie gab es nur eins auf der Welt: so nahe wie möglich bei Jesus zu sein. Seinen Worten zu lauschen, wenn er über Gott sprach. Dabei zu sein, wenn er Kranke heilte. Aber wozu das alles? Judas machte es nicht mehr glücklich. Er wusste, dass viele der Hohepriester und Schriftgelehrten Jesus hassten und dass sie ihn am liebsten verschwinden lassen würden. Und wenn er so darüber nachdachte… Die Schriftgelehrten waren ja kluge Männer, die viel erlebt hatten. Vielleicht hatten sie ja recht mit ihren Ansichten. Vielleicht war Jesus gar nicht der Messias. Durfte man das Alte denn so einfach über den Haufen schmeißen? Außerdem wollte Judas wieder nach Hause zurück.

Und so fasste er einen Entschluss: Das alles musste ein Ende haben. Und er würde es beenden. Judas stand auf und ging eilig den Weg hinunter in den Tempel. Sein Herz schlug ganz schnell. Aufgeregt sah er sich nach allen Seiten um. Niemand sollte sehen, wohin er ging. Im Tempel angekommen, musste er nicht lange suchen, bis er einen der Hohepriester fand: „Ich muss mit dir sprechen." Der Priester war erstaunt: „Bist du nicht einer dieser Jünger? Was willst du von mir?" Judas holte tief Luft: „Ich habe gehört, ihr wollt Jesus von Nazareth loswerden…"

„Und wenn es so wäre?", fragte der andere misstrauisch. „Dann kann ich euch helfen", sagte Judas und sein Mund war ganz trocken. Der Priester sah ihn mit großen Augen an: „Das würdest du tun?" Judas nickte. „Gut, und was willst du dafür?"

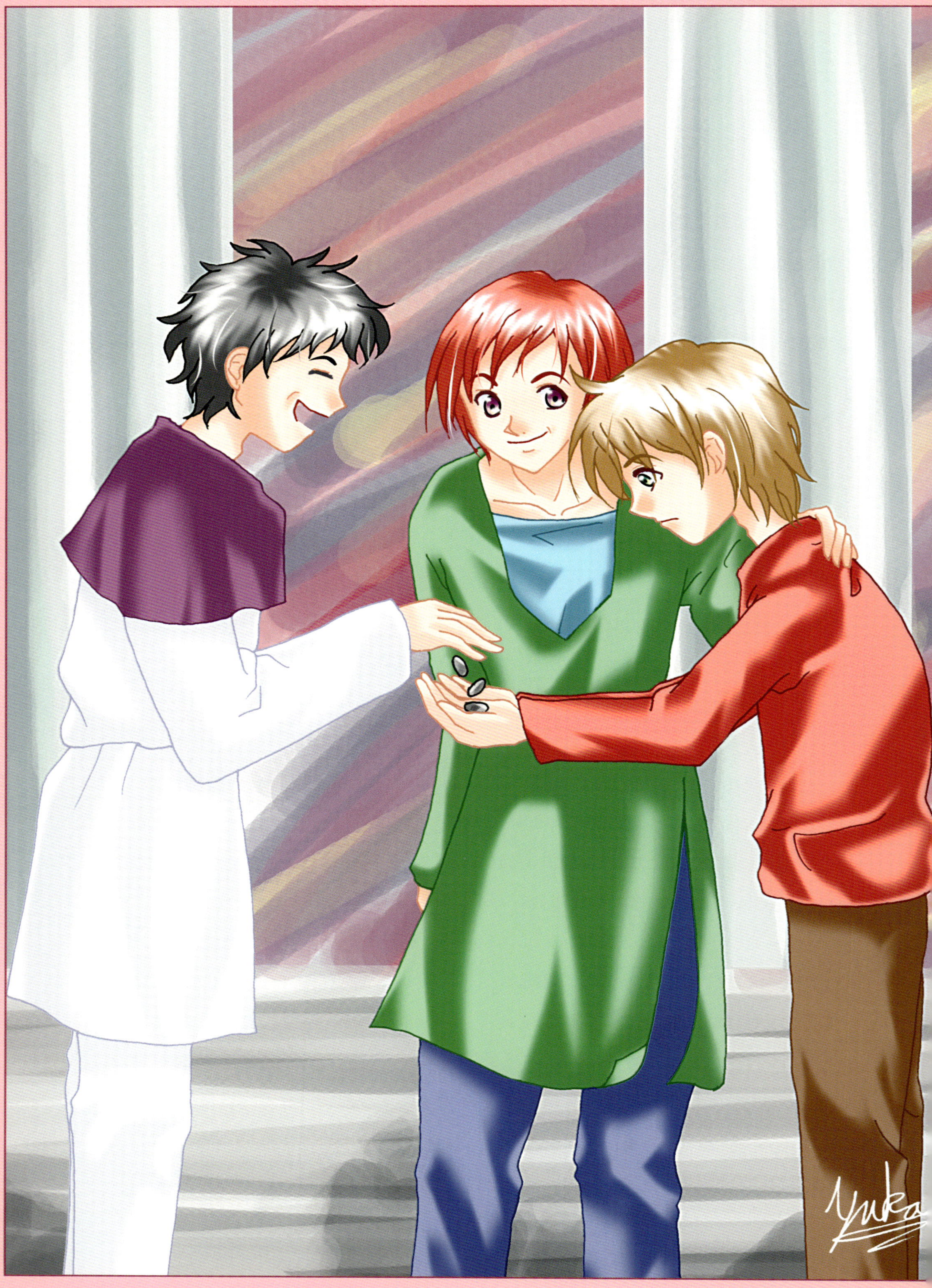

„Gebt mir 20 Silberstücke!", sagte Judas fest. Sein Herz schlug so schnell wie noch nie. In seinen Ohren rauschte es. Der Hohepriester sah ihn lange an. Dann sprach er langsam: „Du sollst 30 Silberstücke bekommen, wenn du ihn uns vor Pessach verrätst…" Judas nickte kurz: „So soll es geschehen…" Dann drehte er sich auf der Stelle um und lief, so schnell er konnte, aus dem Tempel.

Das Abendmahl

Es war ein paar Tage später, am Abend des Pessachmahls. Überall in Jerusalem saß man beieinander, um gemeinsam zu essen. Jesus und seine zwölf Freunde hatten auch einen schönen Raum für ihr Festmahl gefunden. Als die Jünger den Raum betreten wollten, hielt Jesus sie an der Tür auf: „Moment mal. Eure Füße sind vom Staub der Straße schmutzig." Er zog sein Gewand aus, band sich ein Leinentuch um und kniete sich vor sie auf den Boden. „Kommt her, ich will euch die Füße waschen!" Die Jünger sahen sich verdutzt an. Nun gut, es war damals üblich, dass man sich die Füße wusch, wenn man von draußen kam und all der Staub der Straße an den Füßen haftete. Das macht ihr im Sommer bestimmt genauso, wenn ihr ohne Strümpfe herumlauft. Aber dass Jesus ihnen jetzt die Füße waschen wollte, das war den Jüngern peinlich.

Also sagte Petrus: „Aber Jesus, das können wir doch selbst. Du bist doch nicht unser Diener." Jesus schüttelte den Kopf: „Ich will euch damit zeigen, dass ich mir für nichts zu gut bin. Und auch ihr sollt euch nicht zu schade sein, um euch gegenseitig zu dienen und euch gegenseitig zu helfen. Ein Mensch ist nicht weniger wert als der andere." Und so wusch er jedem Einzelnen die Füße.

Als sie später beim Essen saßen, sagte Jesus: „Heute will ich euch ein neues Gebot geben: Habt einander lieb, so wie ich euch immer lieb gehabt habe. Und sorgt füreinander! Alle sollen euch daran erkennen, wie gut ihr füreinander sorgt." Dann nahm er das Brot. Wie immer vor dem Essen dankte Jesus Gott. Dann brach er das Brot in Stücke und verteilte es an die anderen: „Brüder! Nehmt und esst! Das ist mein Leib, der für euch hingegeben wird. Tut dies zu meinem Gedächtnis!" Dann nahm er einen Kelch mit Wein, trank daraus und sagte: „Trinkt alle daraus! Das ist mein Blut, das Blut des Bundes, das für euch vergossen wird, zur Vergebung der Sünden!"

Was waren das für Worte? Was wollte Jesus damit sagen? Sein Leib? Sein Blut? Das war nicht der übliche Segen, den er sonst beim Essen sprach. Und mit einem Mal begriffen die Jünger, was passieren würde: Jesus hatte von seinem Tod gesprochen. Er würde sterben, und er würde es für sie tun. Doch warum nur?

133

Große Traurigkeit überkam die Jünger. Stumm schauten sie einander an. „Was soll das alles bedeuten?", fragte Petrus schließlich. Jesus antwortete: „Das ist das letzte Mal, dass wir zusammen das Pessachfest feiern. Danach wird das geschehen, was ich euch vorausgesagt habe." Die Jünger erschraken. „Du musst sterben? Jetzt?", rief Andreas. Jesus beruhigte sie: „Meine Zeit ist gekommen. Aber macht euch keine Sorgen. Ich gehe fort und komme wieder zurück zu euch. Und später, wenn ich dann für immer zum Vater heimgehe, werde ich ihn bitten, euch einen anderen Beistand zu schicken: den Heiligen Geist. Er wird euch alles lehren, euch an alles erinnern, was ich gesagt habe, und immer bei euch bleiben."

Du fragst dich jetzt sicher: Was ist denn das: Der Heilige Geist? Ganz schön schwer zu erklären, die Christen haben es über die Jahrhunderte immer wieder versucht, sie haben den Heiligen Geist als Taube oder auch als Wind oder Flamme dargestellt. Das ist nicht falsch, denn der Heilige Geist ist in allem. Vielleicht versteht man es so am besten: Stell dir einmal vor, wie viel Kraft in dir steckt. Du kannst deine schwere Schulmappe hochheben, du kannst ganz fest in die Pedale deines Fahrrades treten. Oder du kannst mit viel Ausdauer etwas üben, zum Beispiel Fahrradfahren. Du kannst deine Angst überwinden, zum Beispiel an deinem ersten Schultag. Du kannst ein schwieriges

Rätsel lösen. Hinter all dem steckt eines: deine Kraft. Du kannst sie nicht anfassen und nicht sehen. Aber du weißt immer ganz genau: Ich habe Kraft. Das ist so sonnenklar, dass du meistens gar nicht daran denkst. Und so ähnlich ist es mit dem Heiligen Geist. Er ist die göttliche Kraft. Die größte Kraft, die man sich vorstellen kann. Sie kann all das möglich machen, was die Menschen von allein nicht schaffen könnten.

Und so hatte Jesus das gemeint: Auch wenn ich nicht mehr bei euch bin, der Heilige Geist wird bei euch sein. Er wird euch Kraft geben. Da fühlten sich die Jünger schon etwas besser.

Bis heute denken Christen am Donnerstag vor Ostern an diesen Abend: An das letzte Mal, als Jesus mit den Jüngern zusammensaß, um mit ihnen zu essen. Auch dieser Tag hat heute einen besonderen Namen: Gründonnerstag.

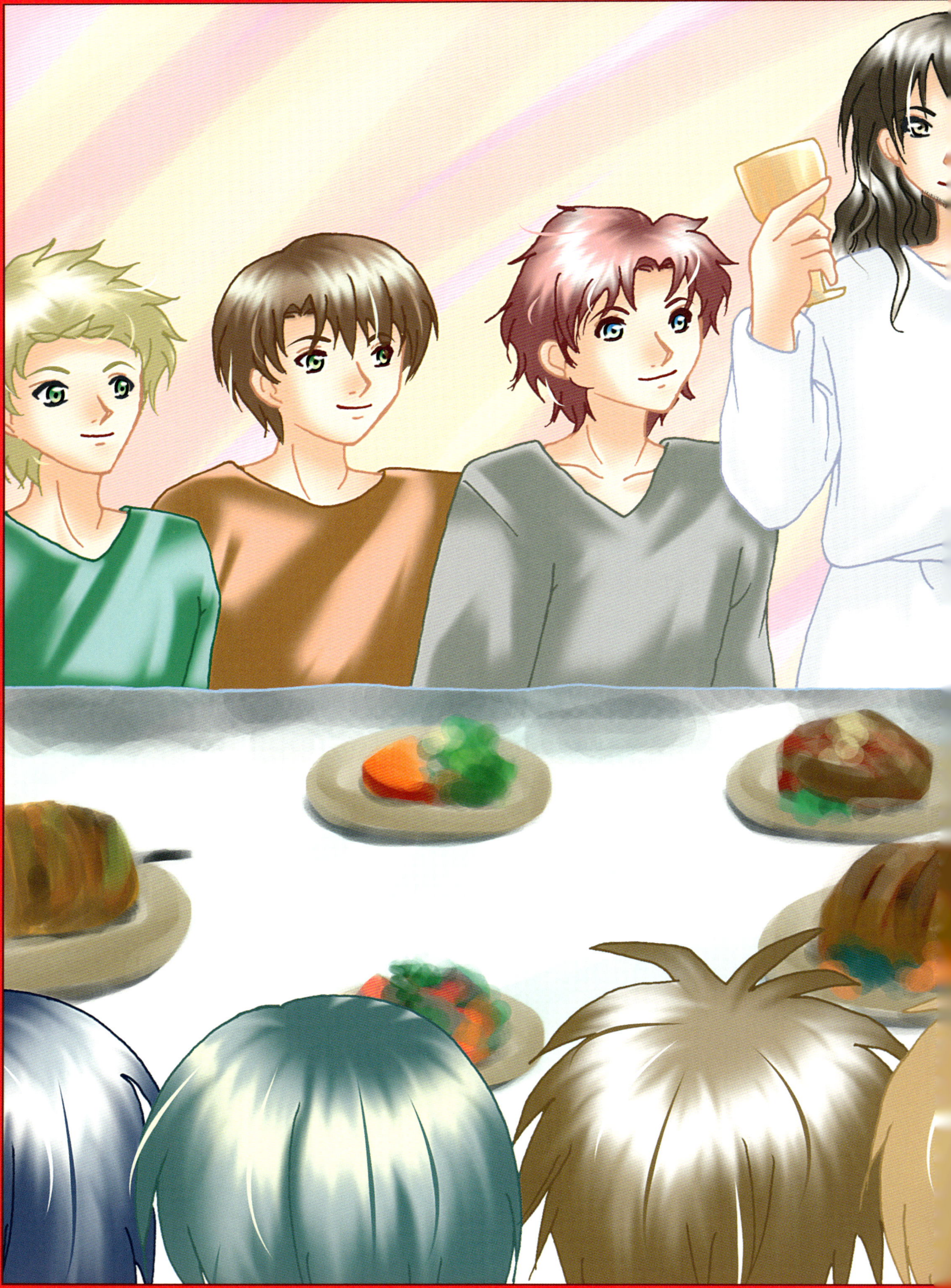

137

Abschied am Ölberg

Jesus hatte die Jünger ein wenig getröstet, aber sie waren immer noch bedrückt. Bekümmert sahen sie einander an. Da bemerkten sie, dass einer an ihrem Tisch fehlte: Judas war nicht da. Seltsam. Aber sie dachten nicht weiter darüber nach. Denn ihr Blick fiel wieder auf Jesus – nun sah sogar er traurig aus. Er stand auf und sagte: „Kommt, wir wollen zum Ölberg gehen!" Der Berg hieß so, weil auf ihm viele Bäume mit Oliven standen, aus denen man Öl machte. Draußen wartete die dunkelblaue Nacht auf sie. Sie liefen eine Weile schweigend nebeneinander her, bis sie den Ölberg erreichten. Am Abend war es dort ruhig und friedlich.

Während sie durch die Reihen der Bäume gingen, sprach Jesus: „Noch bevor die Sonne wieder aufgeht, werdet ihr mich allein gelassen haben." Petrus war empört: „Aber Jesus! Wie kannst du so was denken! Ich würde dich doch nie im Stich lassen." Jesus blickte ihn müde an: „Ach, Petrus. Noch ehe der Hahn morgen früh kräht, wirst du dreimal lügen und sagen, dass du mich nicht kennst." „Nein", sagte Petrus, „das mache ich bestimmt nicht. Auch wenn ich mit dir sterben müsste!" Obwohl es schon dunkel war, sahen die Jünger jetzt etwas in Jesu Gesicht, was sie nie zuvor dort gesehen hatten: Angst. Er ging an Petrus und all den anderen vorbei und stieg weiter den Ölberg hoch.

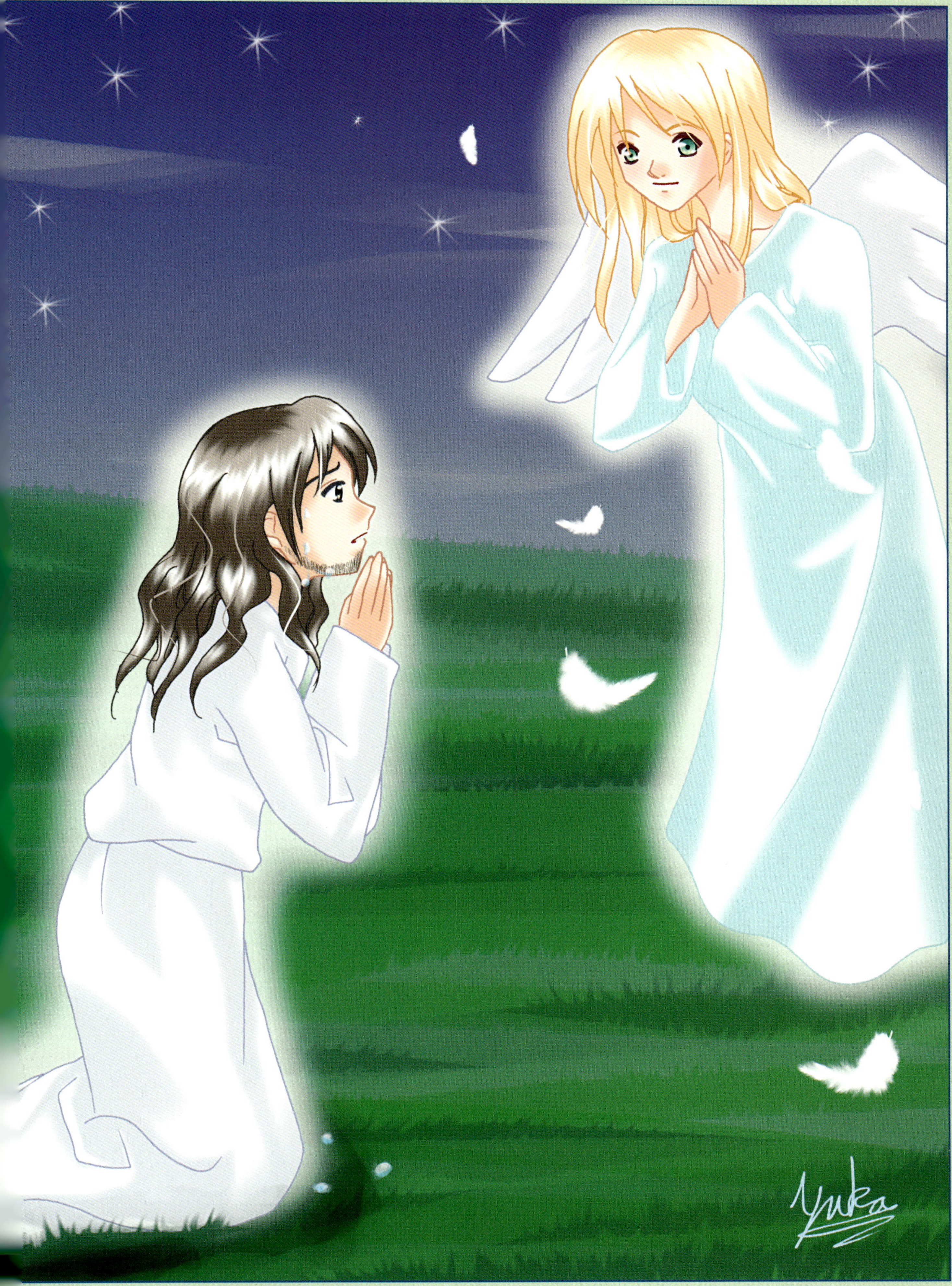
Yuka

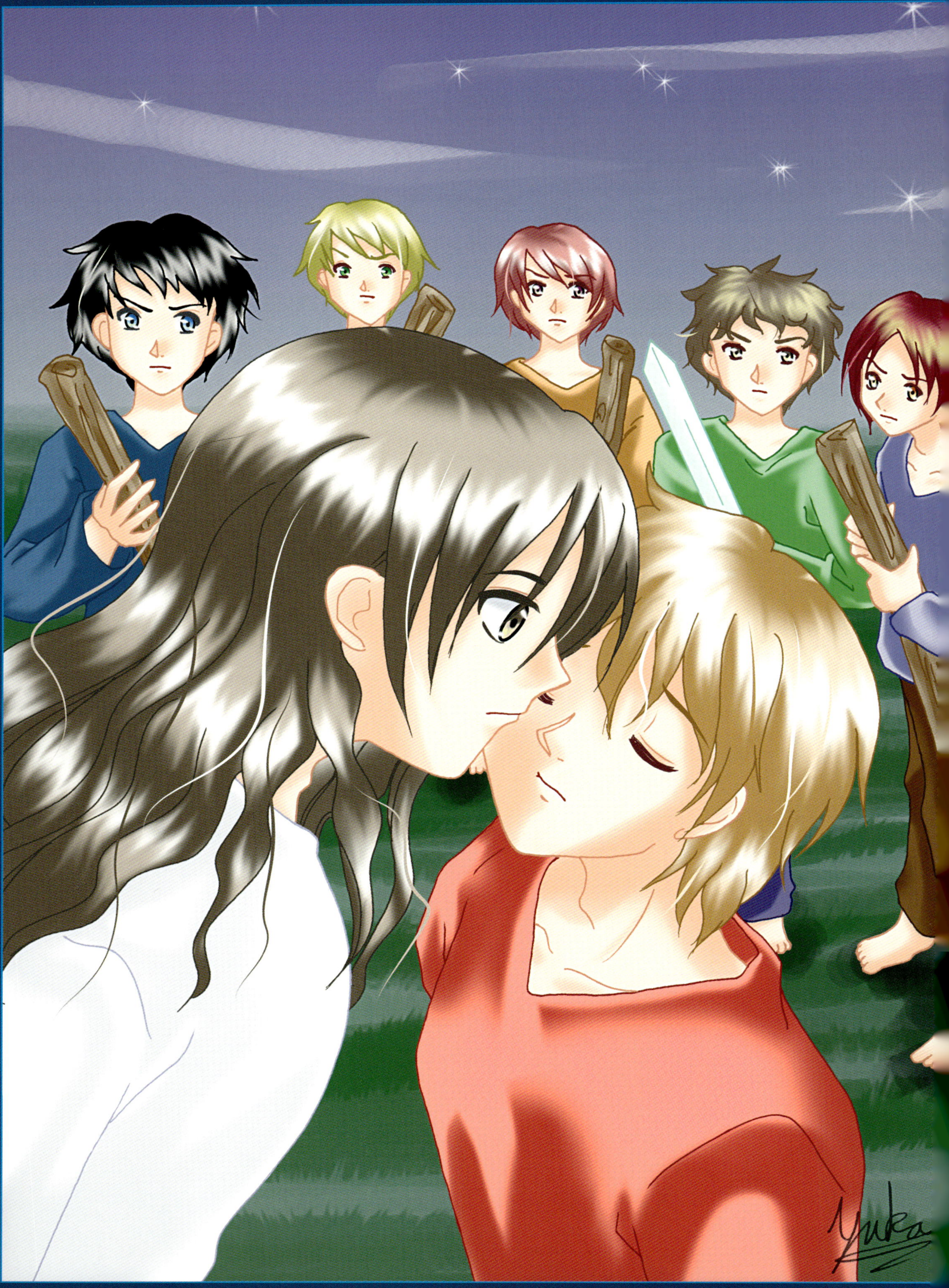
Yuka

Er wollte allein sein. Jesus wusste, was ihm bevorstand: Er würde leiden müssen, und er hatte Angst davor. Als er oben angekommen war, fiel er zu Boden. Seine verzweifelte Stimme klang durch die Finsternis, als er betete: „Vater, wenn du willst, dann rette mich vor diesem furchtbaren Tod. Aber nicht mein, sondern dein Wille geschehe!" Da erschien ihm ein Engel vom Himmel und gab ihm neue Kraft. Nach dem Gebet stand er auf und ging zurück. Die Olivenblätter glänzten silbergrau im Mondlicht. Die Jünger waren tief und fest eingeschlafen. Noch bevor Jesus sie wecken konnte, zerriss lautes Geschrei die Stille der Nacht…

Die Festnahme

Von überall kamen Männer mit Fackeln und Waffen den Hügel hinauf: Soldaten! Und sie wurden angeführt von – Judas. Was hatte er vor? Was hatte er mit Soldaten zu tun? Schon war Jesus umzingelt. Das Licht ihrer Fackeln schien auf sein Gesicht. Da ging Judas auf Jesus zu und küsste ihn auf die Wange. Das war das geheime Zeichen, das er mit den Soldaten verabredet hatte: „Der, den ich küsse, das ist Jesus."

Die Soldaten hoben ihre Schwerter und wollten ihn festnehmen und abführen. Da sprang Petrus dazwischen und zog sein Schwert. Niemand sollte Jesus, seinem Meister, auch nur ein Haar krümmen. Aber Jesus verbot es ihm: „Nein, Petrus, steck dein Schwert ein!

Glaubst du nicht, mein Vater könnte sofort ein Heer Engel schicken, um mich zu retten? Aber es darf nicht sein!" Als die Jünger sahen, wie die Soldaten Jesus fesselten, bekamen sie Angst und rannten in die Nacht hinaus. Jesus wurde abgeführt und in den Palast des Hohepriesters Kajaphas gebracht. Alle Jünger waren vor Angst weggelaufen, nur Petrus kam nach einer Weile zurück und folgte Jesus und den Soldaten heimlich bis zum Hof des Palastes. Dort versteckte er sich hinter einer Säule und sah, wie sie Jesus hineinführten. Er machte sich große Sorgen. Was würde mit Jesus geschehen? Würden sie ihn wirklich töten?

In diesem Moment sprach ihn eine Frau an: „Sag, mal, bist du nicht einer von Jesus Jüngern?" Petrus bekam furchtbare Angst: Die Frau wollte ihn vielleicht an die Soldaten verraten! Also sagte er: „Nein, ich kenne ihn nicht. Wie kommst du denn darauf?"

Und noch zwei weitere Male sprach ihn jemand an und fragte: „Bist du nicht ein Freund von Jesus?" Und immer wieder schüttelte er den Kopf und sagte: „Nein, den kenne ich nicht."

Beim dritten Mal krähte ein Hahn ganz laut, noch während er antwortete. Petrus zuckte zusammen. Es war genau so, wie Jesus gesagt hatte: „Noch ehe der Hahn morgen früh kräht, wirst du dreimal lügen und sagen, dass du mich nicht kennst." Petrus schämte sich furchtbar. Er lief davon und weinte bitterlich.

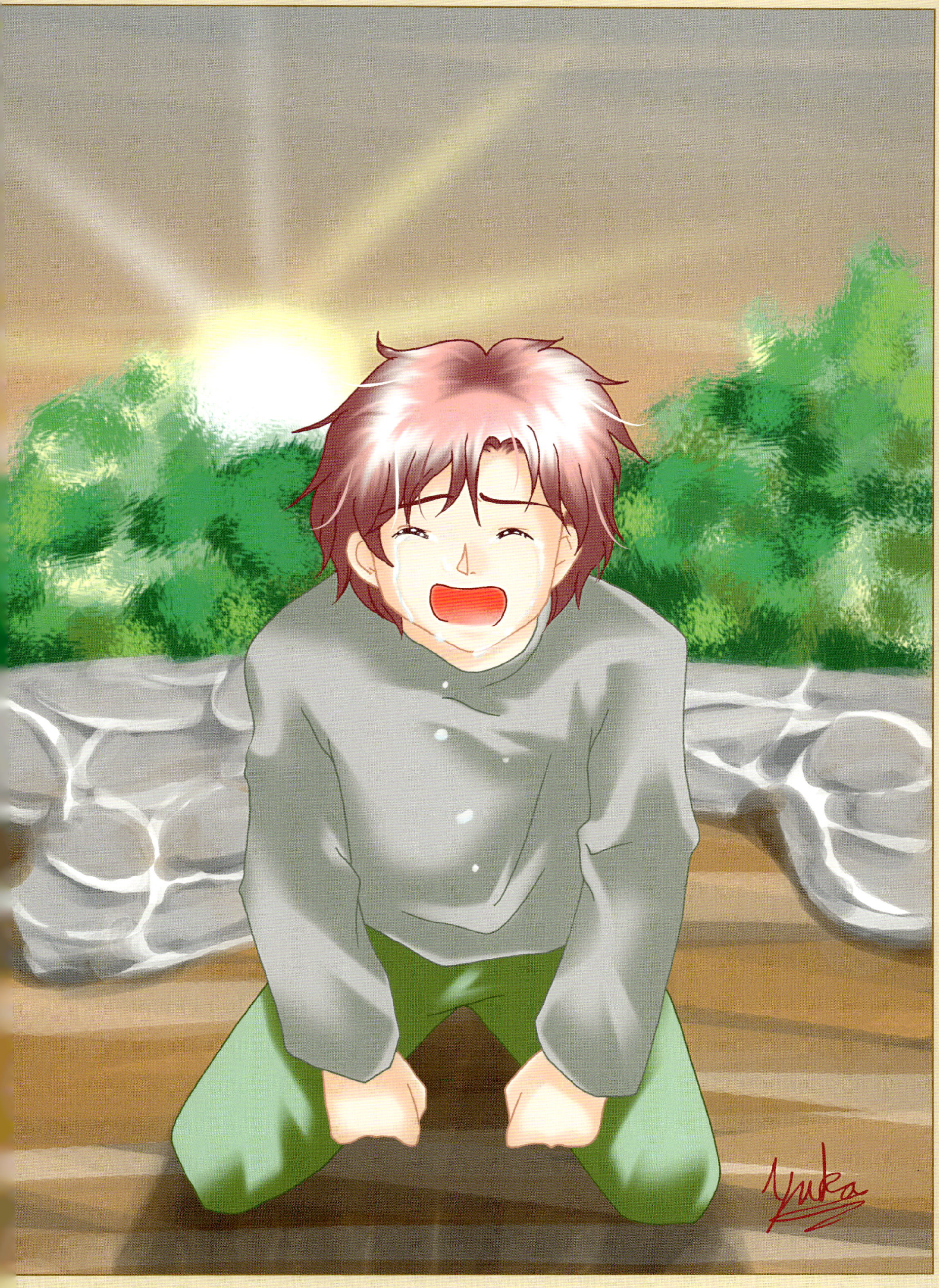
Yuka

144

Ein Verbrecher

Im Palast wurde Jesus von den Soldaten geschlagen und verspottet: „Du willst ein König sein? Du hast ja nicht mal eine Krone!" Und um ihn zu verhöhnen, flochten sie eine Krone aus spitzen Dornen, die sie ihm auf den Kopf setzten. Auch die Schriftgelehrten und die Hohepriester waren da. Sie verhörten ihn wie einen Verbrecher. Jesus verteidigte sich nicht. Er wusste, dass sie ihr Urteil längst gefällt hatten: Er sollte sterben. Das war es, was sie wollten.

Aber das Land der Juden war von den Römern besetzt. Die Gelehrten und Priester konnten nicht allein entscheiden, wer hingerichtet werden durfte. Das mussten die Römer erlauben. Also brachten sie Jesus zum römischen Stadthalter. Der war für alle wichtigen Entscheidungen in der Stadt Jerusalem zuständig. Er hieß Pontius Pilatus. Auch er verhörte Jesus und stellte ihm Fragen. Er wollte herausfinden, ob er wirklich ein Verbrecher war. Pilatus merkte schnell: Jesus war kein Verbrecher. Also wollte er ihn freilassen.

Draußen vor seinem Palast hatten sich inzwischen viele Menschen versammelt. Die Schriftgelehrten hatten sie gegen Jesus aufgehetzt. Und darum schrieen sie: „Jesus muss weg. Tötet ihn! Kreuzigt ihn!" Pontius Pilatus wusste nicht, was er tun sollte: Da stand ein unschuldiger, armer Mann, und die da draußen wollten seinen Tod.

Die Schriftgelehrten drängten und redeten auf ihn ein: „Du musst Jesus töten. Der Kaiser wird sonst sehr böse auf dich sein. Denn Jesus hat gesagt, er ist der neue König der Juden. Also ist er gegen den Kaiser! Was wird der Kaiser sagen, wenn du seinen Feind leben lässt?"

Da bekam Pilatus Angst. Er durfte ja den römischen Kaiser nicht verärgern. Aber er wollte auch nicht für den Tod eines Unschuldigen verantwortlich sein. Er konnte sich einfach nicht entscheiden. Was sollte er tun? Ihm fiel nur eine einzige Lösung ein: Er ging hinaus und rief den wartenden Menschen zu: „Ich werde einen Gefangenen freilassen: Ihr dürft entscheiden, welchen."

Seine Soldaten brachten Jesus und einen Mörder, der Barabbas hieß. Sofort schrie die aufgestachelte Menge: „Wir wollen Barabbas. Lass Barabbas frei! Jesus muss sterben! Kreuzige ihn!" Schweren Herzens musste Pilatus den Mörder freilassen. Dann übergab er Jesus seinen Soldaten und sagte: „Nehmt ihn. Lasst ihn hinrichten. Aber ich habe nichts damit zu tun!"

Und um zu zeigen, was er von der ganzen Sache hielt, ließ er sich eine Schüssel Wasser bringen. Dann wusch er sich die Hände vor aller Augen und sagte: „Ich wasche meine Hände in Unschuld."

Die Kreuzigung

Da packten die Soldaten Jesus und schleiften ihn auf die Straße. Sie legten ihm ein großes Kreuz aus Holz auf den Rücken und trieben ihn hinaus aus der Stadt bis zu einem Hügel, der Golgatha hieß. Dort legten sie Jesus auf das Kreuz und nagelten seine Hände und Füße darauf. So wurden Verbrecher damals bei den Römern hingerichtet. Über seinen Kopf befestigten sie ein Schild, darauf standen die Buchstaben: „INRI". Das sollte bedeuten: „Jesus von Nazareth – König der Juden."

Dann richteten sie das Kreuz auf. Zusammen mit Jesus wurden auch zwei Verbrecher gekreuzigt, der eine rechts von ihm, der andere links. Die Soldaten begannen um Jesu Kleider zu würfeln; wer das Spiel gewann, der durfte sie haben. Die Priester, die alles mit angesehen hatten, machten sich über Jesus lustig.

Und Jesus? Er war nicht böse auf sie. Nicht auf Pilatus, nicht auf die Soldaten und auch nicht auf die Priester. Er betete noch am Kreuz für sie alle zu Gott: „Vater, vergib ihnen, denn sie wissen nicht, was sie tun."

Einige Freunde, die Jesus begleitet hatten, standen ein Stück weiter weg: seine Mutter Maria, der Jünger Johannes und auch eine andere Frau, Maria Magdalena. Ihr Schmerz und ihre Traurigkeit waren riesengroß. Die Stunden vergingen.

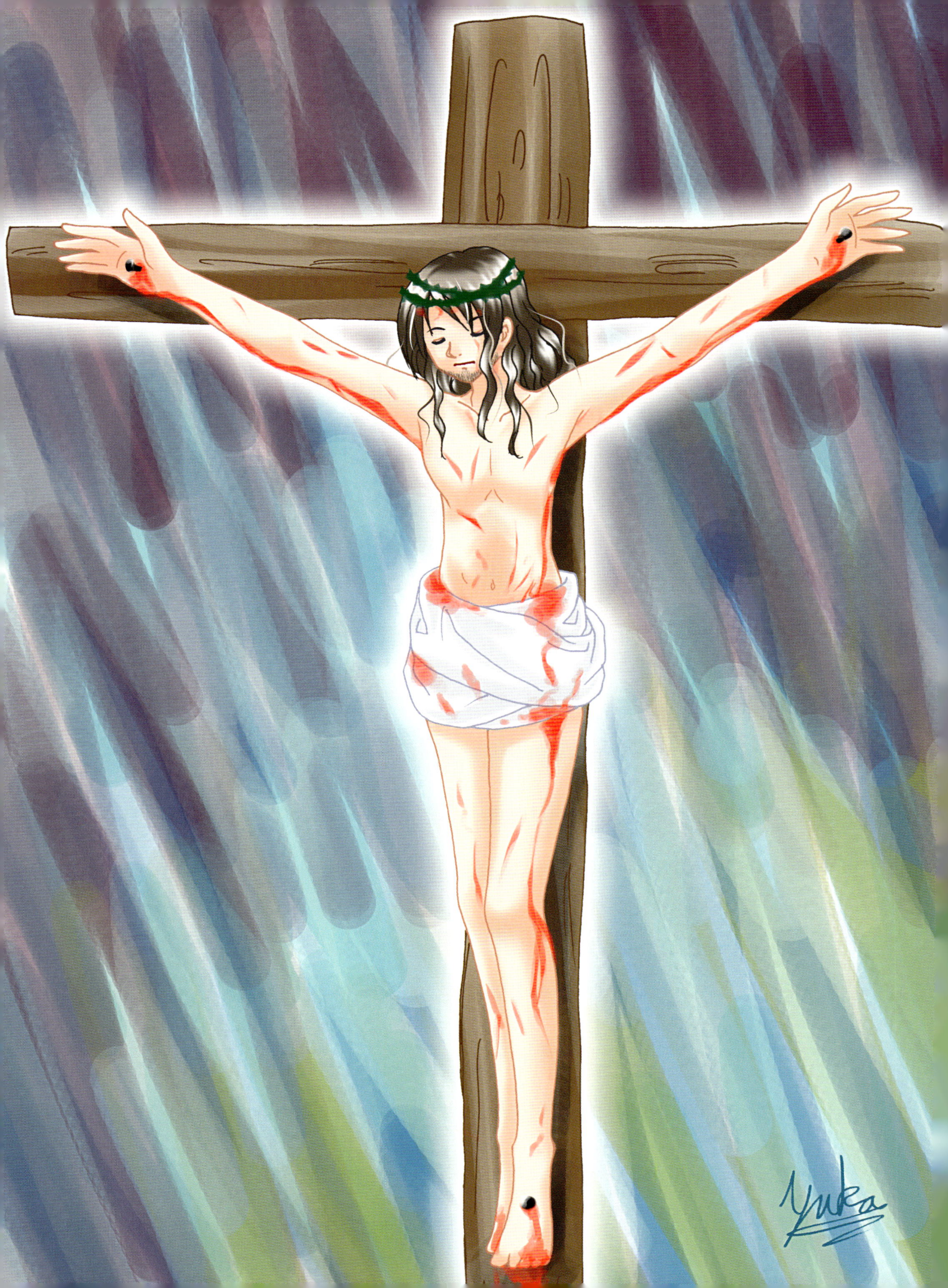
Yuka

Am Mittag verdunkelte sich plötzlich der Himmel. Finsternis kam über das ganze Land, obwohl es mitten am Tag war. Es wehte kein Wind mehr, und alle Geräusche verstummten ringsherum: Kein Vogel zwitscherte und kein Blättchen bewegte sich mehr – vollkommene Stille lag nun über dem Hügel.

Da schrie Jesus laut auf: „Vater, in deine Hände lege ich meinen Geist!" Dann schloss er die Augen und starb. In diesem Moment begann die Erde zu beben. Steine rollten den Hügel hinab. Felsen in der Umgebung brachen auseinander, und aus der Ferne kamen Donner heran. Die Soldaten, die Priester und alle, die zu der Kreuzigung gekommen waren, erschraken und rannten fort.

Ein römischer Hauptmann aber war geblieben. Er dachte nach: Dunkelheit mitten am Tag, die unheimliche Stille. Das Beben der Erde und der Donner. Da sah er zum Kreuz hoch und sprach: „Wahrhaftig, das war Gottes Sohn!"

Am Abend kamen zwei Freunde Jesu und nahmen ihn vom Kreuz. Sie wickelten ihn in ein Tuch und legten ihn in eine Felsenhöhle. Zum Schluss wälzten sie einen großen Stein vor den Eingang des Grabes. Denn so wurden die Menschen damals bestattet. Traurig sahen die Frauen dem Begräbnis zu. Schließlich gingen sie nach Hause, weil es Abend war und der Sabbat begann.

Ihr erinnert euch: Am Sabbat, dem Samstag, durfte man nicht arbeiten und sollte ruhen. Sie beschlossen, am Sonntag wiederzukommen. Dann wollten sie den Leichnam mit duftenden Ölen salben, wie es damals Brauch war. Der Tag, an dem Jesus gekreuzigt worden ist, heißt heute Karfreitag. „Kara" ist ein altes Wort, das wir heute nicht mehr benutzen. Es bedeutet Kummer und Trauer. An diesem Tag soll man fasten und keinen Alkohol trinken. Vielleicht hast du auch schon bemerkt, dass es an diesem Tag keine lustigen Filme im Fernsehen gibt. Und obwohl die meisten frei haben, gibt es keine großen Tanz- oder Sportveranstaltungen, denn an diesem Feiertag denken die Christen in aller Welt daran, wie Jesus am Kreuz starb.

Die Auferstehung

Es war früh am Morgen, als Maria und Maria Magdalena zum Grab liefen. Schluchzend vor Kummer trugen sie beide einen Korb mit kostbaren, gut riechenden Ölen, um den Leichnam zu salben. Die beiden Frauen überlegten, wie sie wohl den dicken Stein wegrollen könnten, da blieb Maria plötzlich stehen. Sie zeigte auf den Fels: „Der Stein – der Stein... er ist weg!" Der Korb fiel zu Boden und atemlos hasteten die beiden das letzte Stück Weg zum Grab. Sie blieben am Eingang stehen und guckten vorsichtig in die Felsenhöhle: Das Grab war leer!

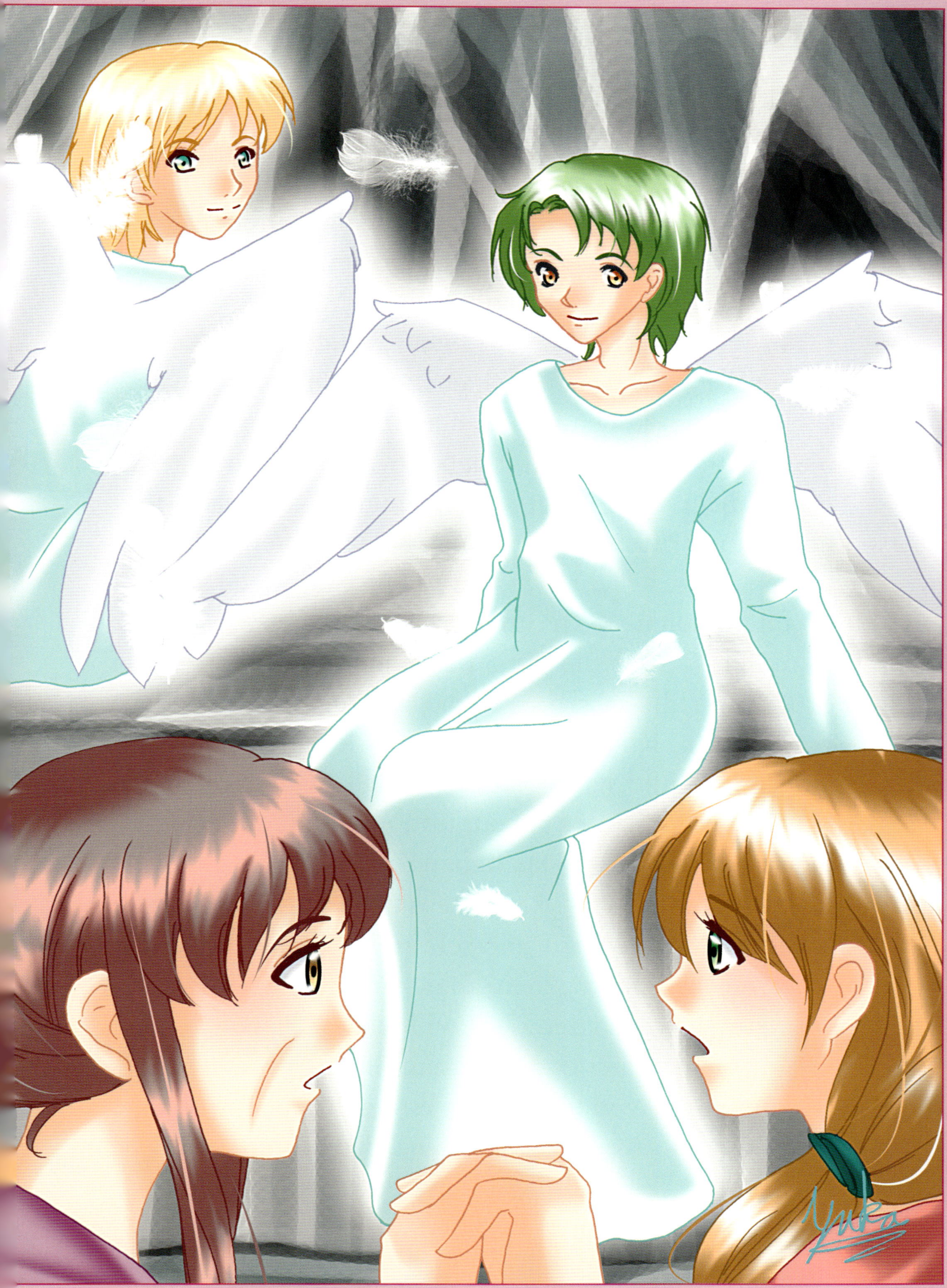
Yuka

„Maria! Das kann doch nicht sein!", rief Magdalena. Da wurde es auf einmal ganz hell um sie herum. Die beiden Frauen zuckten zusammen. „Fürchtet euch nicht!", sprach eine glockenreine Stimme laut hinter ihnen. Die Frauen drehten sich um.

Vor ihnen standen zwei Engel in leuchtenden Gewändern: „Wir freuen uns, euch zu sehen. Aber was sucht ihr den Lebenden bei den Toten? Jesus ist nicht mehr hier. Er ist auferstanden. So wie er es euch gesagt hat. Geht nun und sagt seinen Jüngern, dass er zu ihnen kommt! Geht nach Galiläa!" Das ließen sich die beiden Frauen nicht zweimal sagen: So schnell sie nur konnten, liefen sie zu ihren Freunden.

Im Haus saßen die Jünger beieinander. Es war bedrückend still. Fast alle schwiegen, einige weinten leise vor sich hin. Rums – mit einem Ruck wurde die Tür aufgerissen und schlug laut gegen die Wand. Die beiden Marias stürmten hinein und jubelten: „Jesus lebt! Er ist auferstanden! Das haben die Engel uns gesagt. Er kommt zu euch!" Aber, stellt euch vor: Die Jünger schauten nur kurz auf und schüttelten dann die Köpfe: „Wie soll das denn gehen? Das kann nicht sein."

Petrus jedoch sagte: „Das will ich mit eigenen Augen sehen!" Hastig lief er zur Felsenhöhle. Und – ? Alles war genau so, wie die Frauen es beschrieben hatten: Der Stein war weg. Das Grab war leer. Es stimmte also. Voller Verwunderung ging Petrus nach Hause.

Und damit endete die Woche, die wir heute die Osterwoche nennen. Sie beginnt mit dem Palmsonntag, dem Einzug in Jerusalem. Am Gründonnerstag denken wir an das letzte Abendmahl. Am Karfreitag an den Tag, als Jesus starb. Doch der allerwichtigste Tag der Christen ist der Ostersonntag: Weil Jesus von den Toten auferstanden ist, glauben Christen, dass mit dem Tod nicht alles zu Ende ist. Ihre Freude darüber feiern sie an Ostern. Und an jedem Sonntag. Denn der Sonntag ist für alle Christen auf der Welt ein Feiertag: ihr siebter Tag der Woche, an dem sie sich ausruhen und zu Gott beten.

Doch all das, was die Christen heute feiern, war für die Jünger noch ganz neu. Es dauerte noch ein wenig, bis auch sie glauben konnten, was geschehen war und warum es geschehen musste. Und so ist die Geschichte von Jesus hier noch lange nicht zu Ende…

VIERTER TEIL

Jesus macht seine Versprechen wahr

Auf dem Weg nach Emmaus

Der Jünger Kleopas wischte sich die Augen. Er wollte gar nicht mehr über Jesus weinen, aber er konnte einfach nicht aufhören. Er und sein Freund Philippus liefen langsam auf der staubigen Landstraße nach Emmaus. Zum Glück hatten sie es nicht mehr weit, denn es wurde schon langsam dunkel.

„Guten Abend, ihr beiden", grüßte sie ein Fremder, „geht ihr auch nach Emmaus? Kann ich euch begleiten?" „Ja, natürlich, komm mit uns." Die drei wanderten schweigend weiter. „Was ist denn mit euch los, an diesem wunderschönen Abend?", fragte der Fremde fröhlich. Kleopas blieb wie angewurzelt stehen: „Wie kannst du nur so gut gelaunt sein? Weißt du nicht, was passiert ist? Jesus aus Nazareth wurde vor ein paar Tagen hingerichtet. Dabei hat er nur Gutes getan."

Philippus war so ärgerlich, dass er gegen einen toten Ast trat, der am Boden lag. Der Ast knackte laut und zerbrach. „Dabei dachten wir, er sei der Messias, der uns alle retten würde", flüsterte Kleopas. „Hm", sagte

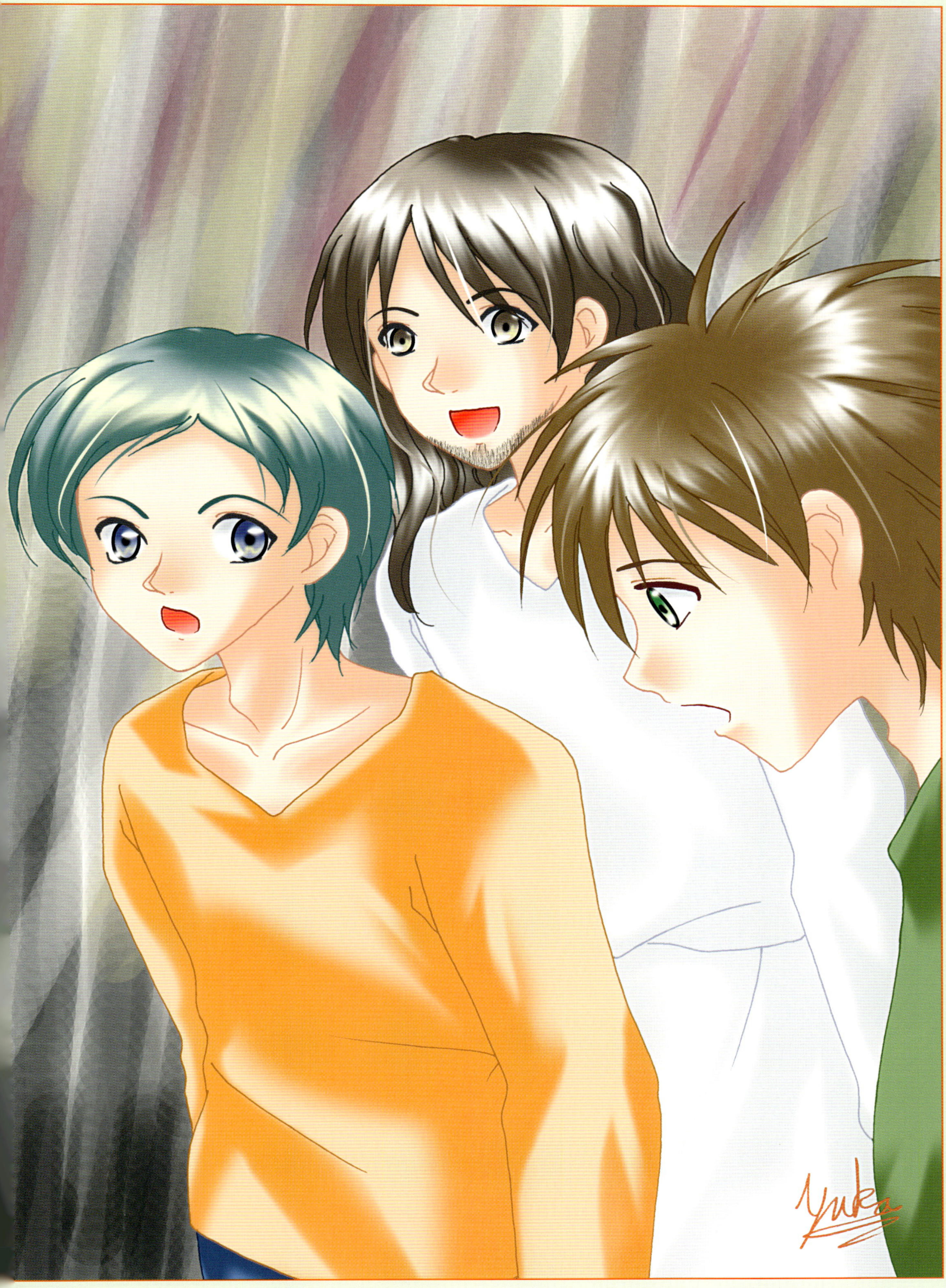
Yuka

der Fremde, „aber gerade wenn es der Messias war, musste er dann nicht alles erleiden? Musste sich nicht erfüllen, was vorausgesagt war? Denkt an die Heilige Schrift. Dort steht geschrieben: Der Messias wird leiden und sterben und am dritten Tag wiederauferstehen."

Kleopas hielt an und dachte einen Moment nach. Dann widersprach er: „Die Schrift ist das eine. Aber wenn du gesehen hättest, wie sie ihn getötet haben! So behandeln die Römer nur Schwerverbrecher. Es war furchtbar." Aber der Fremde blieb guter Laune und fragte weiter: „War es nicht Jesus, der gesagt hat: Wenn dich einer schlägt, dann halte auch die andere Wange hin?" „Ja" sagte Philippus, „das war damals auf dem Berg. Das kann Jesus unmöglich so gemeint haben." Der Fremde blieb kurz stehen und blickte beide erstaunt an: „Es war doch auch euer Freund Jesus, der gesagt hat: Ihr sollt eure Feinde lieben?" Kleopas stemmte empört die Arme in die Hüften: „Jetzt aber mal im Ernst: Wie soll man jemanden lieben, der einem so etwas antut? Am liebsten würde ich die alle im Jordan versenken."

Der Fremde schüttelte den Kopf: „Und was würden die Freunde von den Römern tun, die du in den Jordan werfen möchtest?" Kleopas zuckte die Schulter: „Sicher wären die dann ganz schön wütend! Wahrscheinlich würden sie mich suchen und auch in den

Fluss werfen!" „Ja", nickte der Fremde, „Rache kennt kein Ende und ist nie satt. Wie kann es jemals Frieden unter den Menschen geben, wenn wir nicht anfangen zu verzeihen? Wo sollen wir dann enden?"

Sie liefen eine Weile schweigend weiter. Kleopas schniefte immer noch ein bisschen vor sich hin. Dann sagte er: „Ja, aber das ändert alles nichts daran, dass ein wunderbarer Mann gestorben ist, der nichts Unrechtes getan hat. Das kann doch nicht richtig sein." Der Fremde legte Kleopas die Hand auf die Schulter: „Der Messias musste für die Sünden der Menschen sterben und durch seine Auferstehung zeigen, dass der Tod keine Macht über ihn hat. Ja, dass der Tod seine Liebe zu den Menschen niemals zerstören kann. Erinnert euch: Er hat seine Versprechen immer gehalten. Er war immer aufrichtig zu euch. Und er hat gesagt, dass er wiederauferstehen und zu euch zurückkommen wird."

Da nickte Philippus. Er hatte nun schon viel bessere Laune: „Du hast recht. Er hat es gesagt, und er wird sein Wort halten. Ach, es tut gut, mit dir zu sprechen. Sieh mal, da vorne ist schon Emmaus. Willst du nicht noch mit zu uns kommen und mit uns Abend essen?" „Sehr gern", lächelte der Fremde. Die drei gingen in das Haus und setzten sich zu Tisch. Der Fremde nahm das Brot, sprach das Dankgebet und brach es in kleine Stücke.

158

In diesem Moment fuhr es wie ein Blitz durch Philippus und Kleopas: Der Fremde war Jesus! Jesus selbst war mit ihnen den ganzen Weg gegangen! Im gleichen Augenblick war er auch schon verschwunden. Die beiden Freunde blickten sich an: „Das war er, das war er! Los, wir müssen schnell zurück nach Jerusalem! Das müssen die anderen erfahren: Er ist wirklich auferstanden." Und noch in der gleichen Stunde brachen sie auf und liefen zurück nach Jerusalem.

Der ungläubige Thomas

Dort angekommen, gingen sie schnurstracks zu dem Haus, in dem sich die anderen Jünger aufhielten. Kaum hatte sich die Tür hinter ihnen geschlossen, platzte Philippus sofort mit der guten Nachricht heraus: „Hört, Brüder! Wir haben ihn gesehen: Jesus! Er ist wieder da. Wir haben mit ihm gesprochen!" Voller Freude knuffte er Andreas in die Seite. Andreas wollte gerade etwas sagen, da – krach – kippte ein Stuhl um.

Alle wendeten gleichzeitig die Köpfe: Dort stand Jesus! Direkt vor ihnen! Vor lauter Schreck bekam niemand einen Ton heraus. „Der Friede sei mit euch. Habt keine Angst", beruhigte Jesus sie. „Schaut nur! Ich bin kein Geist. Ihr könnt mich anfassen, wenn ihr wollt. Ich bin ein Mensch aus Fleisch und Blut, so wie ihr." Die Jünger waren immer noch sprachlos und starrten Jesus an. Nach einer kleinen Weile sagte er wie nebenbei: „Ihr könnt aufhören mit Staunen. Ich bin es wirklich. Habt ihr vielleicht etwas zu essen für mich?" Nun mussten alle lachen und drängelten sich darum, Jesus zu begrüßen. „Jesus! Komm her! Lass dich umarmen!", riefen sie durcheinander. Simon lief nach draußen und besorgte etwas Fisch für eine Mahlzeit. Überglücklich setzten sie sich alle zum Essen an den Tisch. Fast wie in alten Zeiten.

Nur Thomas fehlte heute leider. Am nächsten Morgen, als Jesus nicht mehr da war, kam Thomas. Sie berichteten ihm alles. Er blickte seine Freunde traurig an: „Das soll ich euch glauben?" Petrus war entrüstet: „Du glaubst uns nicht?" „Nein", sagte Thomas, „das, was ihr erzählt, kann unmöglich wahr sein!" Er schüttelte entschieden den Kopf. „Also, wenn ich nicht die Wunden der Nägel von der Kreuzigung an seinen Händen und Füßen sehen, ach was, anfassen kann, dann glaube ich euch kein Wort."

Ein paar Tage vergingen. Die Jünger saßen wieder beieinander. Sie freuten sich und sprachen darüber, dass alles so gekommen war, wie Jesus es gesagt hatte. Auch Thomas war diesmal bei ihnen. Sie waren ganz in ihr Gespräch vertieft, da unterbrach sie eine vertraute Stimme: „Der Friede sei mit euch!" Alle hoben überrascht die Köpfe: Jesus stand vor ihnen. Er ging auf Thomas zu. „Thomas! Hier bin ich." Thomas konnte nichts sagen. Mit riesengroßen Augen und

161

162

offenem Mund starrte er Jesus an. Der schmunzelte: „Du wolltest doch meine Wunden anfassen?" Er hielt ihm seine Hände entgegen. Tatsächlich, die Wunden waren gut zu erkennen. Vorsichtig und sehr sachte berührte Thomas eine der Wunden. Und dann schämte er sich. Er warf sich zu Boden und flüsterte: „Mein Herr und mein Gott! Entschuldige, dass ich nicht an dich geglaubt habe." Jesus blickte ihn gütig an: „Ach, Thomas, du glaubst erst jetzt, weil du mich gesehen hast. Gesegnet sind die Menschen, die nicht sehen und trotzdem glauben können!"

Die Erscheinung am See

Platsch schlugen die Ruder ins dunkelblaue Wasser des Sees. Der Nachthimmel war klar. Petrus und einige Jünger waren zum Fischen an den See Genezareth gefahren. Stunde um Stunde verging. Ruhig warteten sie darauf, dass sich ihre Fischernetze füllten. Sie betrachteten das Mondlicht auf den Wellen oder schauten sich die Sterne am Himmel an. Sie waren nun nicht mehr traurig. Sie alle hatten Jesus wiedergesehen. Irgendwann funkelte schon der Morgenstern und sie holten ihre Netze ein. Aber es war wie verzwickt: Nicht einen Fisch hatten sie gefangen. Enttäuscht ruderten sie zum Ufer. Dort stand ein Mann ganz allein und rief: „Heda! Habt ihr etwas zu essen für mich?" „Nein, guter Mann, nichts gefangen!", antwortete Petrus.

„Fahrt noch mal raus und werft eure Netze auf der rechten Seite des Bootes aus! Dann werdet ihr etwas fangen", erwiderte der Fremde. Ja, was war denn das für einer? „Glaubt der, wir fischen heute zum ersten Mal?", fragte Thomas. Schließlich wussten sie doch: Entweder es sind Fische da, oder es sind keine Fische da. Ganz egal, wo man das Netz auswarf.

Petrus kniff die Augen zusammen und dachte nach. Er beschloss, dem Fremden zu vertrauen. „Los!", sagte er entschieden, „lasst es uns versuchen. Wir haben nichts zu verlieren." Und kaum hatten sie das Netz ausgeworfen, waren mit einem Mal so viele Fische darin, dass es fast riss. Zu viert mussten sie sich ins Zeug legen, um das Netz ins Boot zu holen. Johannes blickte auf die silbrig glänzenden Fische am Boden des Bootes. Und mit einem Male fiel es ihm ein: „Brüder! Der Mann am Ufer. Das muss Jesus sein!" Petrus schaute hinüber. Natürlich: Es war Jesus! Sofort sprang er ins Wasser und schwamm los. Die anderen ruderten hinterher. Jesus hatte am Strand ein Feuer gemacht. Bei aufgehender Morgensonne grillten sie die Fische und aßen sie mit Brot. Als sie aufgegessen hatten, fragte Jesus: „Petrus, hast du mich lieb?"

„Natürlich!", sagte Petrus sofort. Jesus stand auf und legte den Arm um ihn. „Dann sei so gut und weide meine Schafe." Petrus guckte seinen Freund verständnislos an. Was meinte er damit? Noch zweimal

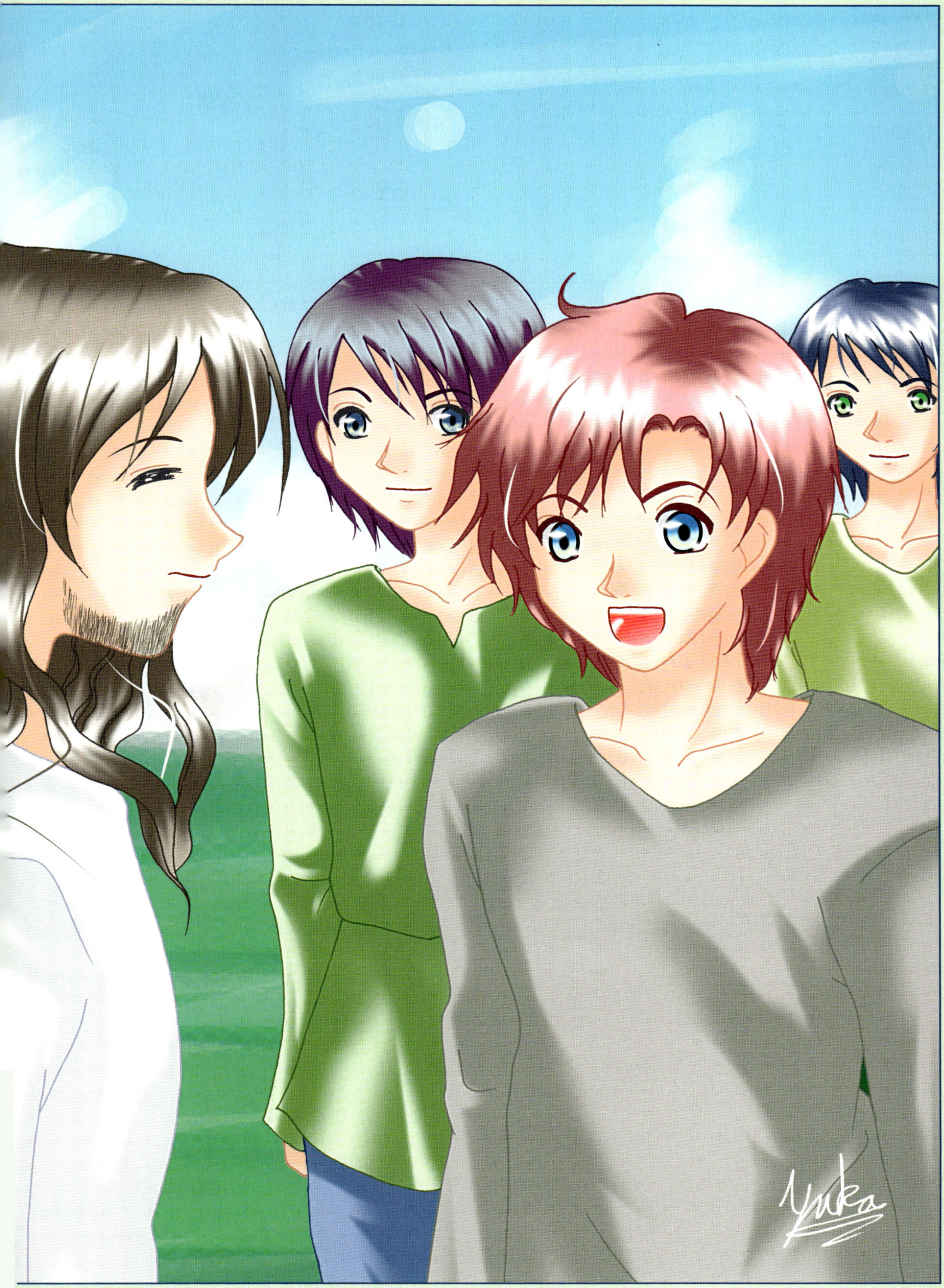
Yuka

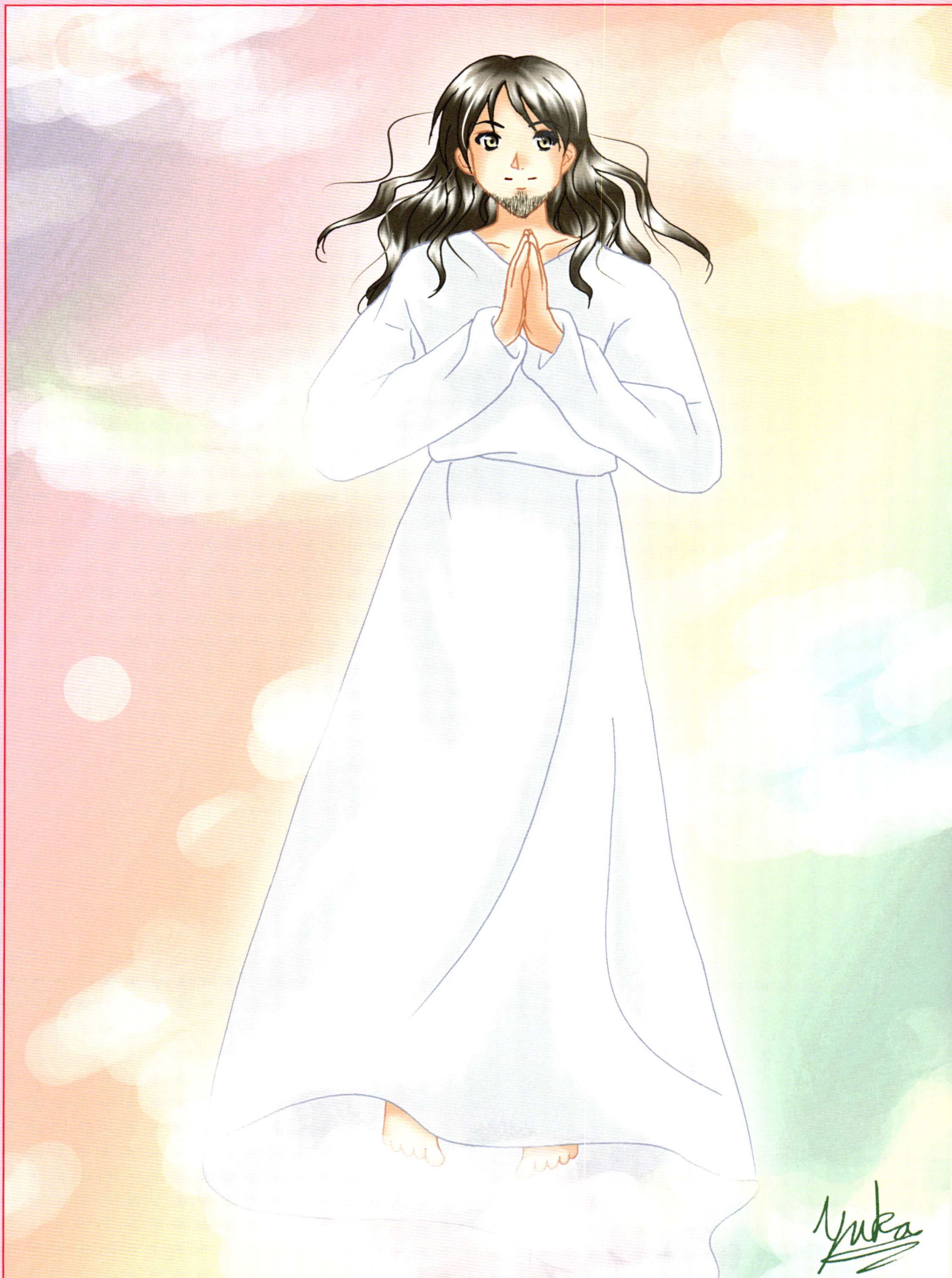
Yuka

stellte Jesus dieselbe Frage, und jedes Mal antwortete Petrus: „Ja, aber natürlich. Du weißt doch, dass ich dich lieb habe." Und jedes Mal sagte Jesus darauf: „Weide meine Schafe." Und dann begriff Petrus: Er sollte sich wie ein Hirte um die Menschen kümmern und sie zu Gott führen. Denn schließlich hatte Jesus über sich selbst einmal gesagt: „Ich bin der gute Hirte! Ein guter Hirte sorgt für seine Schafe. Er lässt sie nicht allein. Er bleibt immer bei ihnen und beschützt sie. So sorge ich für die Menschen, die an mich glauben und beschütze sie und lasse sie nicht allein."

Petrus hatte verstanden: Er sollte Jesu Nachfolger werden und den Menschen die Frohe Botschaft bringen, so wie Jesus es immer getan hatte.

Abschied

Es war nun vierzig Tage her, seit Jesus von den Toten wiederauferstanden war. Doch heute war der Tag, an dem sie endgültig von ihm Abschied nehmen mussten. Jesus ging mit seinen Jüngern aus der Stadt hinaus. Ihre Herzen waren schwer. Sie wollten nicht ohne ihn sein. Sie gingen sehr langsam, jeder wollte den Abschied hinauszögern. Nach einer Weile erreichten sie die Spitze eines kleinen Berges. Nachdem Jesus jeden von ihnen noch einmal ganz fest umarmt hatte, schaute er sie lange an. Er hatte einen kleinen Kloß im Hals, als er sagte: „Ihr wart treue Freunde. Ich danke euch von Herzen."

Johannes wischte sich eine Träne aus dem Augenwinkel. Jesus schaute ihn ermutigend an. „Nun gehe ich zum Vater zurück. Habt keine Angst! Ich lasse euch nicht allein. Bleibt nun in Jerusalem und wartet dort. Johannes hat mit Wasser getauft, ihr aber werdet bald mit dem Heiligen Geist getauft."

„Was bedeutet das? Was wird dann mit uns werden?", fragte Philippus leise. Jesus schaute sie an: „Geht zu den Menschen in alle Länder dieser Welt! Erzählt ihnen von Gott, so wie ich es bisher gemacht habe. Damit alle Menschen erfahren, wie Gott ist. Wie lieb Gott sie hat. Dass Gott immer für sie da ist." „Aber... aber ohne dich, Jesus?", stotterte Andreas, „können wir das überhaupt schaffen?" „Ja, denn seid gewiss: Ich bin bei euch alle Tage bis zum Ende der Welt!" Dann breitete er die Arme aus, hielt sein Hände schützend über sie und segnete sie. Während er das tat, wurde er von einer Wolke eingehüllt. Sie hob ihn hoch und nahm ihn so in den Himmel auf. Regungslos sahen die Jünger zu, wie die Wolke langsam immer höher stieg und dann verschwand. „Warum steht ihr da und starrt in den Himmel?", hörten sie plötzlich eine Stimme. Gott hatte ihnen zwei Engel geschickt. „Jesus ist heimgegangen zu seinem Vater. Doch seid nicht traurig. Denn eines Tages wird er zurückkehren." Dann waren die Engel auch schon wieder verschwunden.

Diese Nachricht machte sie froh, und sie gingen zurück nach Jerusalem. In der Nacht konnte keiner von ihnen schlafen – immer wieder fragten sie sich: Wie würde nun alles werden? Einmal im Jahr erinnern sich die Christen an dieses Ereignis. Dieser Feiertag heißt Himmelfahrt.

Helle Freude

Wenig später gab es wieder einmal ein großes Fest in Jerusalem. Es war fast so groß und bedeutsam für die Juden wie das Pessachfest. Die Stadt war voller Menschen. Sie waren von überallher angereist, aus vielen fernen Ländern. Da gab es Griechen und Ägypter, Mesopotamier und noch viel mehr Menschen aus allen Winkeln der Welt. Die Straßen waren schon am frühen Morgen überfüllt. Alle wollten zum Tempel, denn er war der Mittelpunkt des Festes.

Mitten im Getümmel stand ein Mann, der ungewöhnliche Kleider trug. Er kam aus Kreta und suchte den Weg zum Tempel. Er sprach immer wieder Leute an, um zu fragen, wie er dort hinkommen konnte. Doch niemand verstand ihn. Entweder traf er auf Leute aus Jerusalem: Die verstanden seine Sprache nicht und er ihre auch nicht. Oder er traf auf Menschen, die wie er aus einem fremden Land kamen. Die verstanden ihn nicht, und wo der Tempel war, wussten sie auch nicht. Es war ein großes Durcheinander. Der Mann kratzte

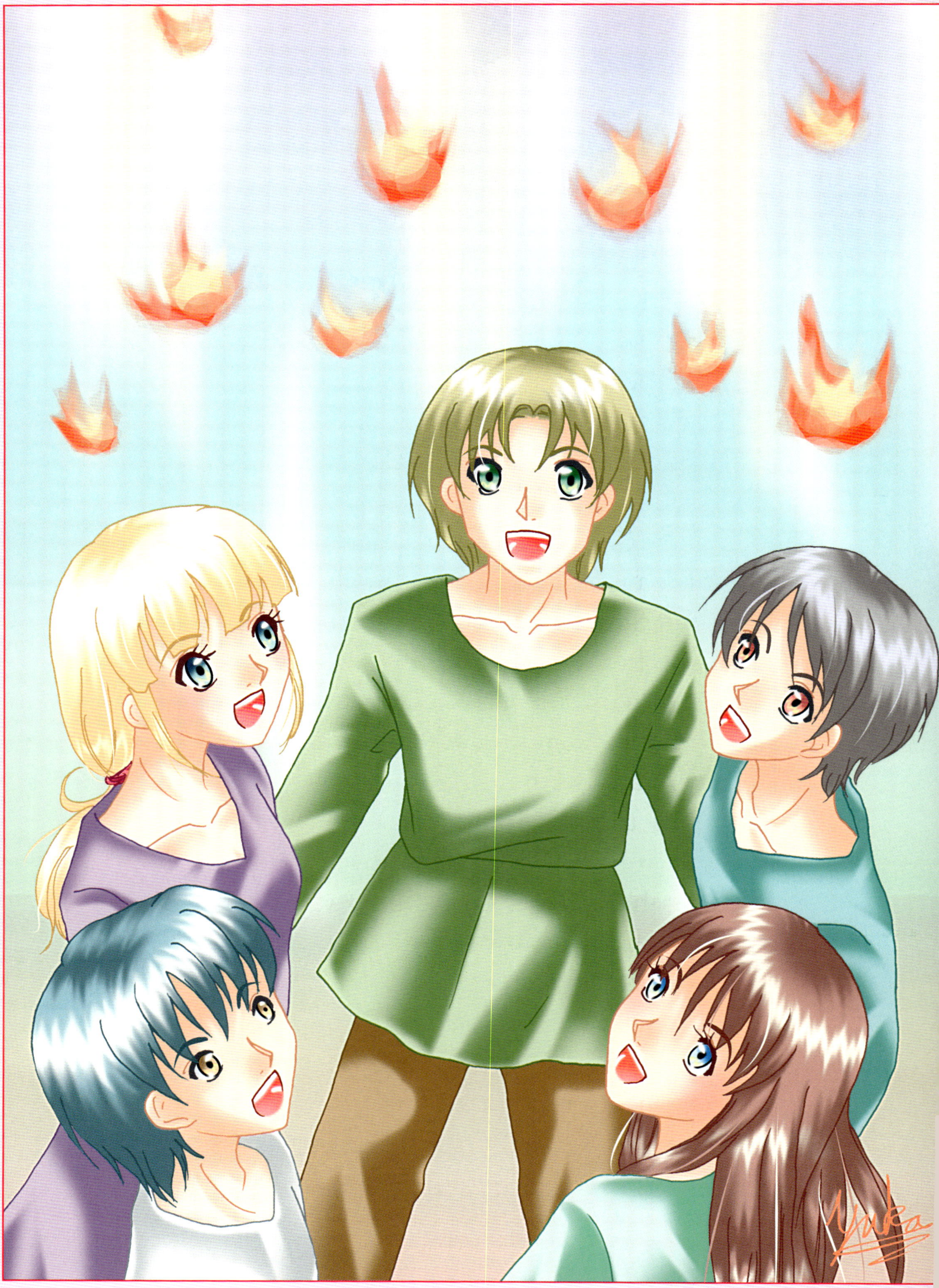
Yuka

sich am Kopf und überlegte. Vielleicht sollte er einfach in die Richtung gehen, wo es am lautesten war? Einen Versuch war es wert. Also marschierte er los. Nach einer Weile hörte er ein lautes Rauschen und Brausen. Was war das? Kam das vielleicht aus dem Tempel? Er lief dem Geräusch hinterher wie viele andere, die das Brausen auch bemerkt hatten.

Da, mit einem Mal, konnte er hören, woher das Geräusch kam: aus einem Haus am Ende einer Straße. Es war seltsam, fast so, als würde ein Sturm im Haus toben. Die Tür öffnete sich und eine Gruppe von zwölf Männern kam heraus. Sie alle waren von einem unglaublichen Strahlen umgeben. Jetzt fingen sie an, mit den vielen Leuten vor ihrem Haus zu sprechen. Und was war das? Alle, wirklich alle verstanden, was sie sagten. Woher sie auch kamen. Selbst der Mann aus Kreta verstand jetzt jedes einzelne Wort. Die Menschen staunten und fragten sich: „Wie ist das nur möglich?"

Du weißt sicher schon, wer diese zwölf Männer waren. Es waren die Jünger. Nachdem Judas sie verlassen hatte, war Matthias zu ihnen gekommen. Nun waren sie wieder zu zwölft. Der Heilige Geist hatte sie mit seiner Kraft erfüllt, und deshalb konnten sie jetzt zu jedem sprechen. Aber nicht nur das. All ihre Angst, all ihre Zweifel waren verflogen! Petrus trat hervor. Er wollte etwas sagen. Die Menge beruhigte sich:

„Hört zu, Leute!", sagte Petrus. „Ihr erinnert euch alle an Jesus! Wundert euch nicht über uns. Gott hat uns seinen Geist geschickt, damit ihr erkennt und versteht: Jesus von Nazareth hat große Taten, Wunder und Zeichen getan. Überall im ganzen Land. Viele haben es mit eigenen Augen gesehen, und alle haben davon gehört. Er ist gekommen, um uns zu retten. Und dennoch haben ihn die Römer gekreuzigt. Ihr habt es zugelassen! Er ist gestorben, aber am dritten Tag ist er wiederauferstanden. Wir haben ihn selber gesehen. Gott hat ihn vom Tod befreit und auferweckt. Damit hat Gott ihn zum Herrn und Messias gemacht."

Die Zuhörer schauten betreten zu Boden. Der Mann aus Kreta fragte laut: „Was sollen wir tun?" „Kommt zu uns!", antwortete Petrus allen. „Bittet Gott um Verzeihung! Lasst euch taufen im Namen Jesu Christi! Dann wird der Heilige Geist auch euch geschenkt." Alle, die Petrus glaubten, ließen sich taufen – dreitausend Menschen waren es an diesem Tag. Bis heute erinnern wir uns am Pfingstfest daran, wie der Heilige Geist den Jüngern damals Mut gemacht hat.

Wie die Frohe Botschaft die ganze Welt erreichte

Dreitausend Menschen ließen sich an diesem ersten Pfingsten taufen. Gott schloss einen neuen Bund mit ihnen durch die Taufe. Das bedeutet, dass sich die Menschen sicher sein konnten, dass Gott für sie da ist und sie liebt. Sie trafen sich in Gruppen immer wieder, um gemeinsam zu beten und das Abendmahl zu feiern. Sie brachen das Brot und sprachen den Segen, wie Jesus es seinen Jüngern gezeigt hatte. Sie verkauften ihren Besitz und teilten miteinander alles, was sie hatten. Sie halfen einander und kümmerten sich um die Armen. An ihrer Nächstenliebe sollte man sie erkennen, so hatte Jesus einst gesagt. Und so war es auch. Das waren die ersten christlichen Gemeinden.

Die zwölf Apostel zogen immer weiter und verkündeten die Frohe Botschaft. Sie erzählten von Jesus, von seinem Leben, seinem Tod und seiner Auferstehung. Sie nahmen viele Mühen auf sich, um die Frohe Botschaft auch in anderen Ländern zu verbreiten, so wie es ihnen Jesus aufgetragen hatte: „Gehet hin und machet zu Jüngern alle Völker. Taufet sie im Namen des Vaters und des Sohnes und des Heiligen Geistes und lehret sie halten alles, was ich euch befohlen habe. Und siehe, ich bin bei euch alle Tage, bis an das Ende der Welt."

Viele Jahre später schrieben vier Männer alles über Jesus auf: Auch sie wollten, dass seine Worte und Taten, sein Tod und seine Auferstehung niemals vergessen werden. Die Männer hießen Matthäus, Markus, Lukas und Johannes. Jeder der Vier erzählte davon, was man über Jesus wissen sollte. Diese Geschichten nennt man Evangelien. Und die Männer heißen Evangelisten. Zusammen mit den uralten heiligen Schriften der Isareliten findet ihr die Evangelien in der Bibel. Die Bibel besteht also aus einem alten und einem neuen Teil. Die Schriften der Israeliten nennt man Altes Testament. Und die Geschichten von Matthäus, Markus, Lukas und Johannes Neues Testament. Die Bibel wird das „Buch der Bücher" genannt, denn sie ist vielen Menschen das wichtigste und liebste Buch geworden.

Mit Jesus begann ein neues Zeitalter. Und deswegen beschlossen die Menschen, die an ihn glaubten, die Zeit in die Jahre vor und nach seiner Geburt einzuteilen. Das kannst du oft in Büchern finden: Da steht dann zum Beispiel: „44 Jahre v. Chr.", das bedeutet „vor Christus", also vor seiner Geburt. Guck doch mal auf deinen Kalender. Dort steht eine Jahreszahl. Genau so viele Jahre ist die Geburt Jesu her.

Auch heute noch, über 2000 Jahre nach dem ersten Weihnachten, als Jesus im Stall geboren wurde, feiern Christen zusammen das Abendmahl. Von Afrika bis Sibirien, von Mexiko bis Australien. So weit sind Menschen gereist, um anderen die Frohe Botschaft zu überbringen.

Gleichzeitig können sie natürlich nicht zusammen beten, weil es einfach zu viele sind. Und sie sind ja über den ganzen Globus verteilt. Deshalb gibt es überall dort, wo Christen leben, Kirchen. Die Menschen, die regelmäßig in die Kirche kommen, bilden eine Gemeinde. Sie kommen, um gemeinsam zu beten und zu singen. Sie loben und danken Gott oder bitten um seine Hilfe. An jedem Sonntag feiern sie gemeinsam den Gottesdienst. Und natürlich feiern sie alle Festtage im Kirchenjahr miteinander. Von den Wichtigsten haben wir dir erzählt: Weihnachten, Ostern, Himmelfahrt und Pfingsten. Aber es gibt noch einige mehr.

  Bis zum heutigen Tage gibt es Christen, die ihr ganzes Leben so leben, wie Jesus und seine Jünger es vorgemacht haben. Sie geben alles auf und lassen all ihren Besitz hinter sich: Sie helfen Armen, Kranken und Menschen in Not. Sie helfen denen, die sich selbst nicht helfen können. Auf diese Weise wird wahr, was Jesus sagte: Ich bin bei euch, bis an das Ende der Welt!

Impressum

Bibliografische Information der Deutschen Nationalbibliothek. Die Deutsche Nationalbibliothek verzeichnet diese Publikation in der Deutschen Nationalbibliografie; detaillierte bibliografische Daten sind im Internet über http://dnb.d-nb.de abrufbar.

Idee und Realisation: Thilo Holzmann
Text: Mechthild und Veronika Kleineidam
Illustration: YuKa
Gestaltung: Andreas Rohner-Ball, Berlin
Lektorat: Dorothee Schöndorf

Unser besonderer Dank gilt Kurt E. Hoffmann und Lawrence Lau.

© Hansisches Druck- und Verlagshaus GmbH, Franfurt am Main 2010

Alle Rechte vorbehalten. Das Werk einschließlich seiner Teile ist urheberrechtlich geschützt. Jede Nutzung außerhalb der Grenzen des Urheberrechts ist ohne schriftliche Einwilligung des Verlags unzulässig.

Printed in the EU

ISBN 978-3-938704-77-6